Paris in the 1890's

The World of Toulouse Lautrec, the Impressionist Painters and the Moulin Rouge

COPYRIGHT 2017

ALL RIGHTS RESERVED

ISBN-13: 978-1546316183

ISBN-10: 1546316183

Available from

Amazon.com

CreateSpace.com

and other retail

outlets

La Tour Eiffel sur le Champ de Mars à Paris, en France. Il s'appelle l'ingénieur Gustave Eiffel.

Construit depuis 1887-1989 comme entrée de l'Exposition Universelle de 1889, il est devenu une icône culturelle mondiale de la France.

The Eiffel Tower on the Champ de Mars in Paris, France. It is named after the engineer Gustave Eiffel.

Constructed from 1887–89 as the entrance to the 1889 World's Fair it has become a cultural icon of France.

INTRODUCTION

This book is meant to be a celebration of Paris in the 1890's through photographs of the time. Pictured are scenes of many world famous cafes and cabarets such as the Moulin Rouge and the Olympia, famous buildings such as the Louvre and Church of Sainte Augustin, and many photographs of the personalities and performing artists popular during the era, as well as the gardens and race courses that came to be such a large part of the social fabric of Paris, the City of Light.

Paris had gone through a huge renovation and remodeling between 1850 and 1890. The new Paris created under the French ruler Napoleon III and Georges-Eugene Haussmann, the renovation director of Paris appointed in 1853, set the stage for a grand revival and expansion in the city which led to a doubling of the population within a few decades along with the creation of the magnificent avenues and beautiful city parks that stretch throughout Paris to this day.

During this age now called "la Belle Epoque" much of the spirit of the city, its "joie de vivre" was epitomized by the cabaret and dance club known as le Moulin Rouge, which was co-founded in 1889 by Charles Zidler and Joseph Oller, who also owned the Paris Olympia, and you will find wonderful photographs of both of these venues here in PARIS IN THE 1890'S. Close to Montmartre in the Paris district of Pigalle on Boulevard de Clichy , le Moulin Rouge is marked by the world famous red windmill on its roof, and exists to this day.

La Belle Epoque, as the period 1870 to 1914 is known, began during the era of the French Third Republic (beginning 1870), and was a period characterized by optimism, regional peace, economic prosperity and technological, scientific and cultural innovations.

In the climate of the period, especially in Paris, the arts flourished. Many masterpieces of literature, music, theater, and visual art achieved prominence, not least being the Impressionist Painters, whose first group exhibit in the photographer Nadar's studio in 1874 began to challenge the official art of the French Salon and create the revolution we now know as MODERN ART.   The Belle Époque was so named when these years became apparent to its participants as the "Golden Age" that it was, in so many respects.

The Moulin Rouge is best known as the original birthplace of the modern form of the can-can dance. Originally introduced as a seductive dance by the courtesans who operated from the site, the can-can dance revue evolved into a form of entertainment of its own and led to the introduction of similar cabarets across Europe.

These final decades of the nineteenth century were a period of peace marked by industrial progress and optimism, and this exuberance was present at the opening of the Moulin Rouge and the Expositions Universelles (World Fairs) of 1889 and 1900. The Eiffel Tower was also constructed in 1889, a symbol of the spirit of progress.

Henri Toulouse-Lautrec is the artist most directly associated with the Moulin Rouge with his brightly painted posters of dancers, perfomers and onlookers. The district of Montmartre was home at times for Van Gogh, Renoir, Monet and many of the Impressionist artists of the era, and later to Pablo Picasso and Braque, as well as other prominent modern artists who saw Paris and especially Montmartre as the ideal place to explore their new art forms in an environment that accepted and promoted the free expression of ideas.

Opening on 6 October 1889 in the Jardin de Paris, at the foot of the Montmartre Hill, Le Moulin Rouge became an instant success and attracted a great cross section of Parisians, including workers, local residents, artists, businessmen, elegant women and visiting foreigners passing through Paris.

Common at the Moulin Rouge were festive champagne evenings where people danced and were entertained thanks to a variety of amusing acts that changed regularly, especially the can-can which was a new dance inspired by the quadrille.

THE IMPRESSIONIST PAINTERS

Le Moulin Rouge was a place loved by artists of the time, of whom the most well known was Toulouse-Lautrec. His posters and paintings secured a quick international fame for the Moulin Rouge.

In the many photographs reprinted in this book are dance scenes at the Moulin Rouge, where Renoir and Toulouse Lautrec were often present. Renoir was especially known for his love of dancing at the club.

Also reproduced here in photographs are the scenes of the ballet as well as the horse races which were among the favorite places for the paintings of Degas, Manet, and Monet. Indeed, Degas had a regular box at the ballet and could be seen there twice weekly, although he preferred to paint the "ballet rats", the young newcomers to the dance who hoped to move up the ranks to stardom. His famous "little dancer" sculpture is one of these aspiring dancers.

Some prominent Impressionist painters of the time

in France

CLAUDE MONET 1840 – 1926

EDOUARD MANET 1832 – 1883

EDGAR DEGAS 1834 – 1917

PIERRE-AUGUSTE RENOIR 1841 – 1919

CAMILLE PISSARRO 1830 – 1903

PAUL CEZANNE 1839 - 1906

ALFRED SISLEY 1839 – 1899

BERTHE MORISOT 1841 – 1895

GUSTAVE CAILLEBOTTE 1848 - 1894

PAUL GAUGUIN 1848 – 1903

JOIE DE VIVRE AND THE ART OF LIVING

As much as anything else that can be said of the French Parisians of this time, they in so many ways were the modern inventors of a sophisticated and civilized way of life that is now ingrained in the western culture as the essence of a cosmopolitan consciousness. The establishment of sidewalk café society, where "to see and be seen" was accepted as a new legitimate part of social interaction, the free exchange of ideas of art, we owe very much to the Paris of the 1890's. To the French of these times we also owe much of the perfection of viniculture, as well as their elevation of food preparation to a modern art form. The photograph reproduced herein of the two modern French women at the well- appointed table (Ma chère, voulez-vous de moi pour déjeuner?) is most illustrative of this sophisticated, worldly , and complex elevation of life to its most knowledgeable (and gossipy?) realms. The Parisians of the 1890's made "life as art, and art as life". This perfection of modern urban culture is their ultimate contribution to the modern world, and an age we can reminisce with through this book, your personal time machine to the art and life of Paris in the 1890's.

        I wish you much enjoyment!

        the editor , F.C.

PAULUS

Eh! quoi! l'immortel Paulus n'a pis chante devant le Tsar! N'est-il donc plus patriote? Il lui eût fait admirer un des aspects de l'élégance française.

Hey! what! The immortal Paulus did not sing before the Tsar! Is he, then, more patriotic? He would have made him admire one aspect of French elegance.

BARDOU

Ohé! Ohé! Mlle Bardou, qui porte un nom très sénatorial, exhibe, avec une audace triomphante, le plantureux mystère de ses bas noirs. M. Déranger préférerait, sa?is doute, la danse ingénue de Mlle Darlys. Mais oserait-il regarder les jambes de Mlle Simier. Et cependant Phidias les eût prises pour modèles....

Oh! Oh! Miss Bardou, who bears a very senatorial name, exhibits, with triumphant audacity, the bold mystery of her black stockings. M. Deranger would prefer, it is doubtful, the ingenuous dance of Miss Darlys. But would he dare look at Mademoiselle's legs? And yet Phidias would have taken them as models.

ANNA HELD

Mlle Anna Held est Polonaise. Elle serait Russe qu'elle n'aurait pas qu'à la haine du rouble. Elle a laisse d'excellents souvenirs dans les plus de succès. D'ailleurs, l'amour qu'elle a pour son pays ne va pas jus-théâtres .1e Saint-Pétersbourg.

Miss Anna Held is Polish. She would be Russian except that she would have to hate the ruble. She left excellent memories in the most successes. Besides, the love she has for her country does not go to the theaters of St. Petersburg.

PLEBINS

Comique excentrique, pince sans rire, spleenetique..., M. Plébins. las de l'existence, voulut aller à la recherche d'un inonde meilleur. Ressuscité par miracle, il se résigne à vivre et à chanter.

Comic eccentric, deadpan, splenetic, ... M. Plebins. Tired of existence, wanted to go in search of a better world. Resurrected by a miracle, he resigned himself to living and singing.

LES CINQ DEMI-VIERGES

Cinq demi-vierges, ou deux vierges et demie, ou dix quarts de vierge. — De quoi faire le bonheur de cinq quarts d'agent de change.

Five half-virgins, or two virgins and a half, or ten quarters of a virgin. "Something to please five-quarters of a stockbroker."

ENTREE DE CLOWNESSES AU NOUVEAU-CIRQUE

ENTRY OF CLOWNESSES IN THE NEW CIRCUS

YVONNE LEVY

Nous avons vu quelque part celte frimousse éveillée, ces yeux rieurs, ces cheveux d'or s'échappant en mèches folles d'un chapeau cabriolet. Serait-ce point Judic? C'est Judic, il y a trente ans, alors qu'elle avait un peu de talent et beaucoup de gentillesse. Elle se nomme Paillette et n'a pas pour le moment d'autre ambition que de plaire. — Mlle Yvonne Levy a la souplesse, l'astuce, la câlinerie feline des femmes d'Orient. Elle descend en droite ligne de Dali la. Malheur à gui lui abandonnera sa chevelure!

We have seen somewhere that awakened face, those laughing eyes, the golden hair escaping into the crazy locks of a cabriolet hat. Would it be Judic? It was Judic, thirty years ago, when she had a little talent and a lot of kindness. It is called Paillette, and for the moment has no other ambition than to please. "Mademoiselle Yvonne Levy has the suppleness, the cleverness, the feline caresses of the women of the East. It descends in a straight line from Dali. Woe to mistletoe will forsake his hair!

SARAH BROWN

Depuis que Mlle Sarah Brown s'est révélée au bal des Quatz'Arts, elle hante, dit-on, les rêves des sénateurs vertueux! Ah! s'ils avaient quarante ans de moins.

Since Miss Sarah Brown has revealed herself at the Quatz'Arts ball, she is said to haunt the dreams of virtuous senators! Ah! If they were forty years younger.

JEANNE BLOCH

Mme Jeanne Bloch a beau friser sa moustache d'un air conquérant, elle est entrée, bon gré mal gré, dans l'armée territoriale. La vieille garde meurt et ne se rend pas.

Mme. Jeanne Bloch curls her mustache with a conquering air, she entered the territorial army willy-nilly. The old guard dies and does not surrender.

TUSINI

Symphonie de jolies voix, où Mademoiselle Marinan apporte sa voix d'or, Mademoiselle de Pibrac sa voix d'argent, Mademoiselle Tusini sa flûte de verre....

Symphony of pretty voices, where Mademoiselle Marinan brings her golden voice, Mademoiselle de Pibrac her silver voice, Miss Tusini her glass flute ....

LIANE DE VRIES

Encore une Liane. Celle-là n'est pas " de Pougy », elle n'est que de Vrièes ", mais, comme l'autre, elle est souple et résistante. Et elle m meurt pas où elle s'attache. Mlles Madeleine Delorme et de Meryem jouent fort bien la fantomime.

Another Liane. This one is not "de Pougy," it is only Vries, "but, like the other, it is supple and resistant. And she does not die where she attaches herself. Mademoiselle Madeleine Delorme and de Meryem play the fantasy very well.

LONA

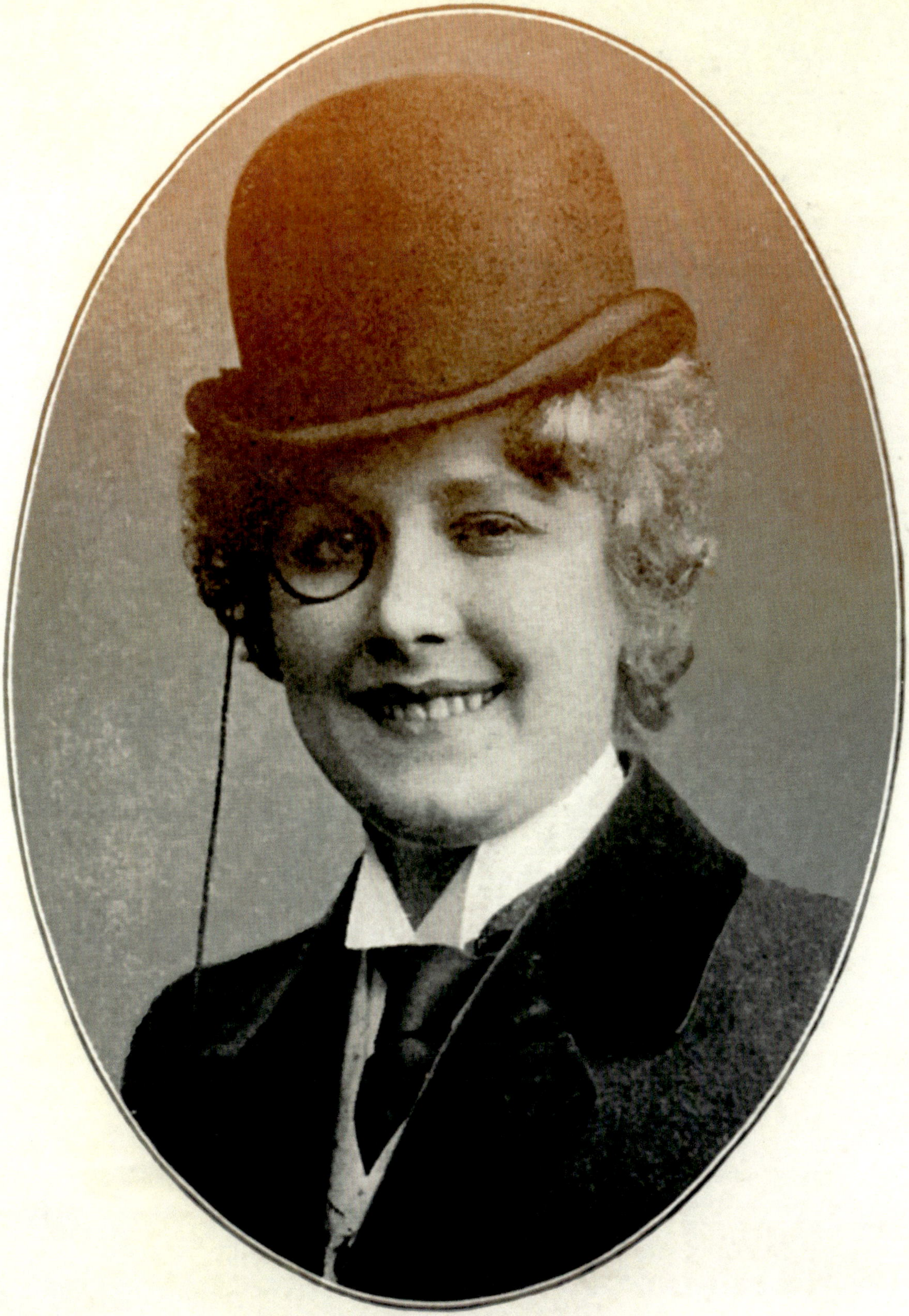

SISTERS BARRISSON

D'où viennent-elles? Mille légendes courent sur leur compte. Là-bas, en Amérique, elles trottinaient par les rues, pudiques et les yeux baissés... M. Fléron, imprésario plein de flair, remarqua leur gentillesse. Il épousa l'ainée et entraîna sa femme et ses quatre belles-sœurs à la conquête du vieux monde. Des cinq sœurs Barrisson, quelle est la moins vertueuse? Dieu seul le sait... et M. Fieront

Where do they come from? A thousand legends run on their account. Down there, in America, they trotted through the streets, modest and with downcast eyes ... M. Fléron, an impresario full of flair, noticed their kindness. He married the elder, and dragged his wife and four sisters-in-law to the conquest of the old world. Of the five Barrisson sisters, what is the least virtuous? God alone knows ... and Mr. Fieront

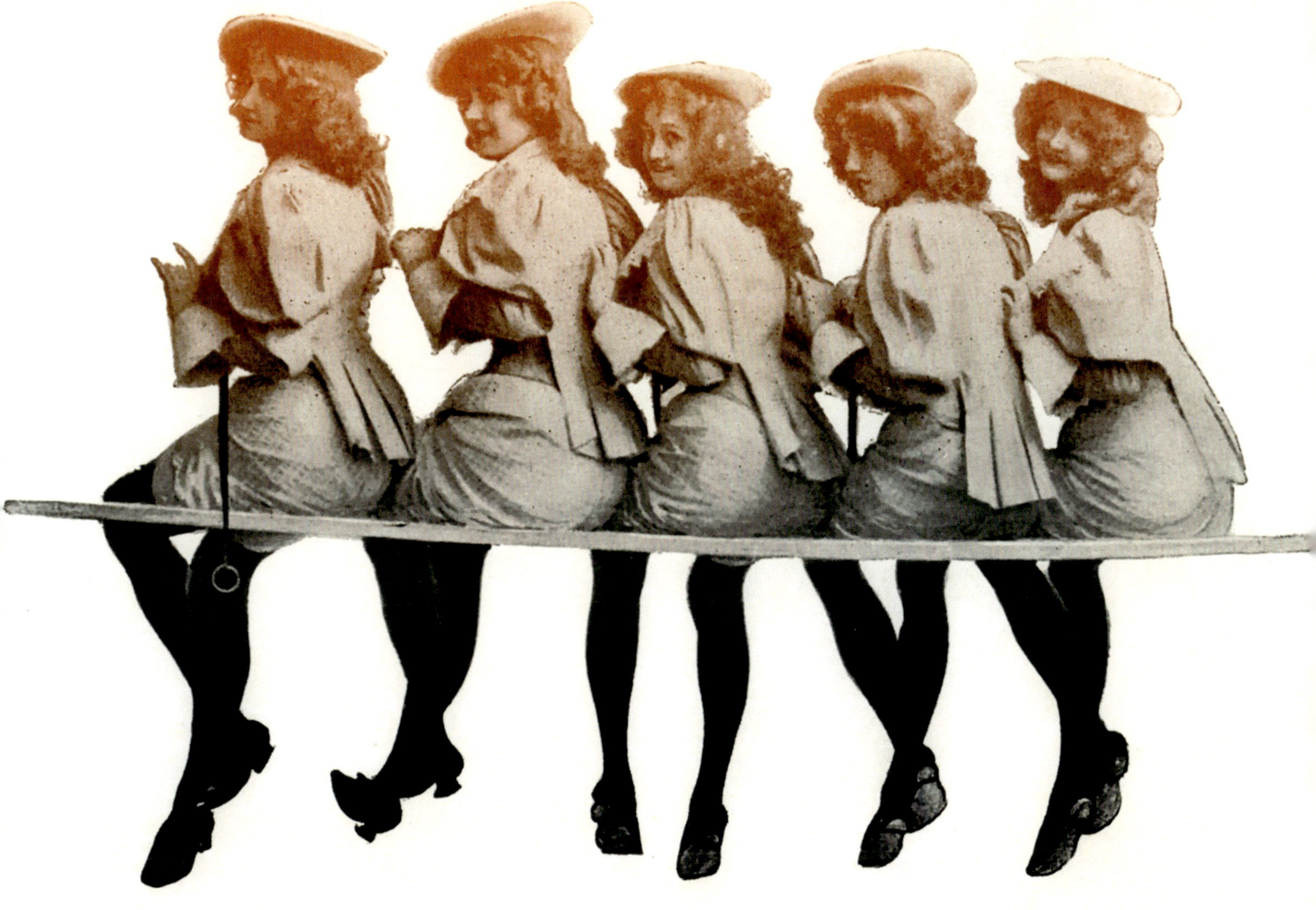

Des les Cinq étoiles!

Libert, le vieil amant d'Amanda.

Of the Five stars!

Libert, Amanda's old lover.

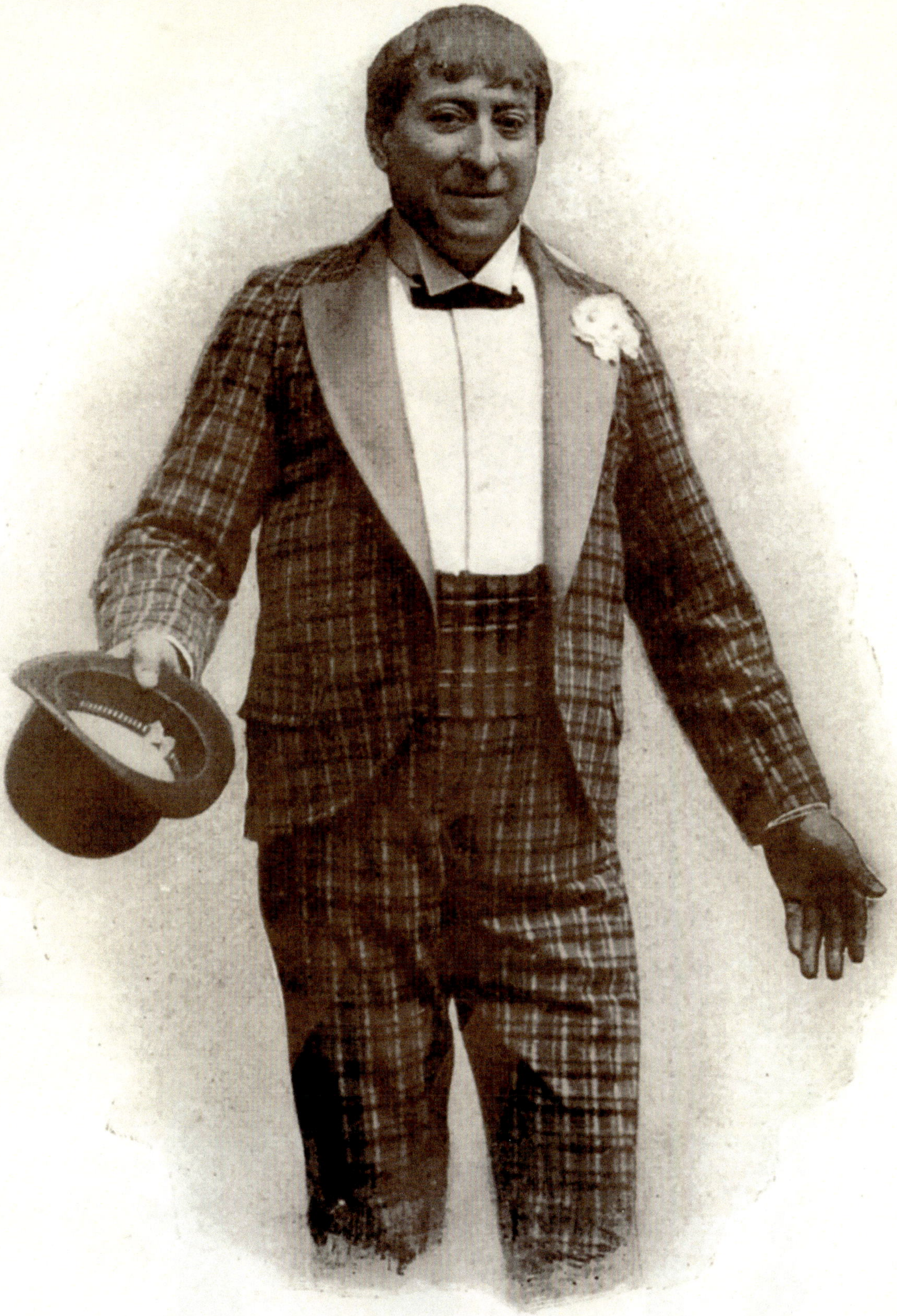

Des les Cinq étoiles!

Vaunel, habile à imiter tous les bruits de la nature.

Of the Five stars!

Vaunel, skillful in imitating all the sounds of nature.

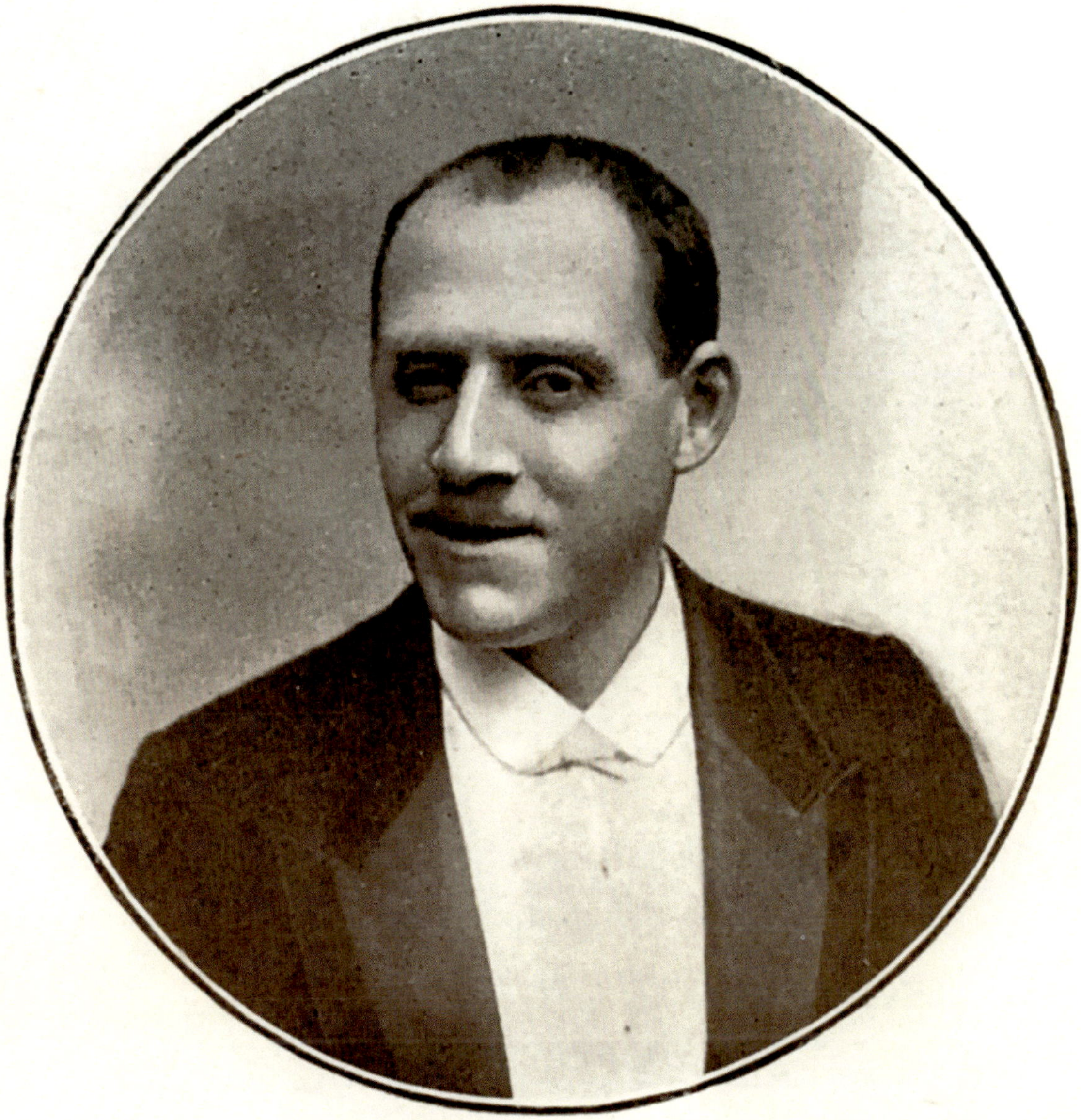

Des les Cinq étoiles!

Bruant, le poète des gueux devenu millionnaire.

Of the Five stars!

Bruant, the poet of the beggars who became a millionaire.

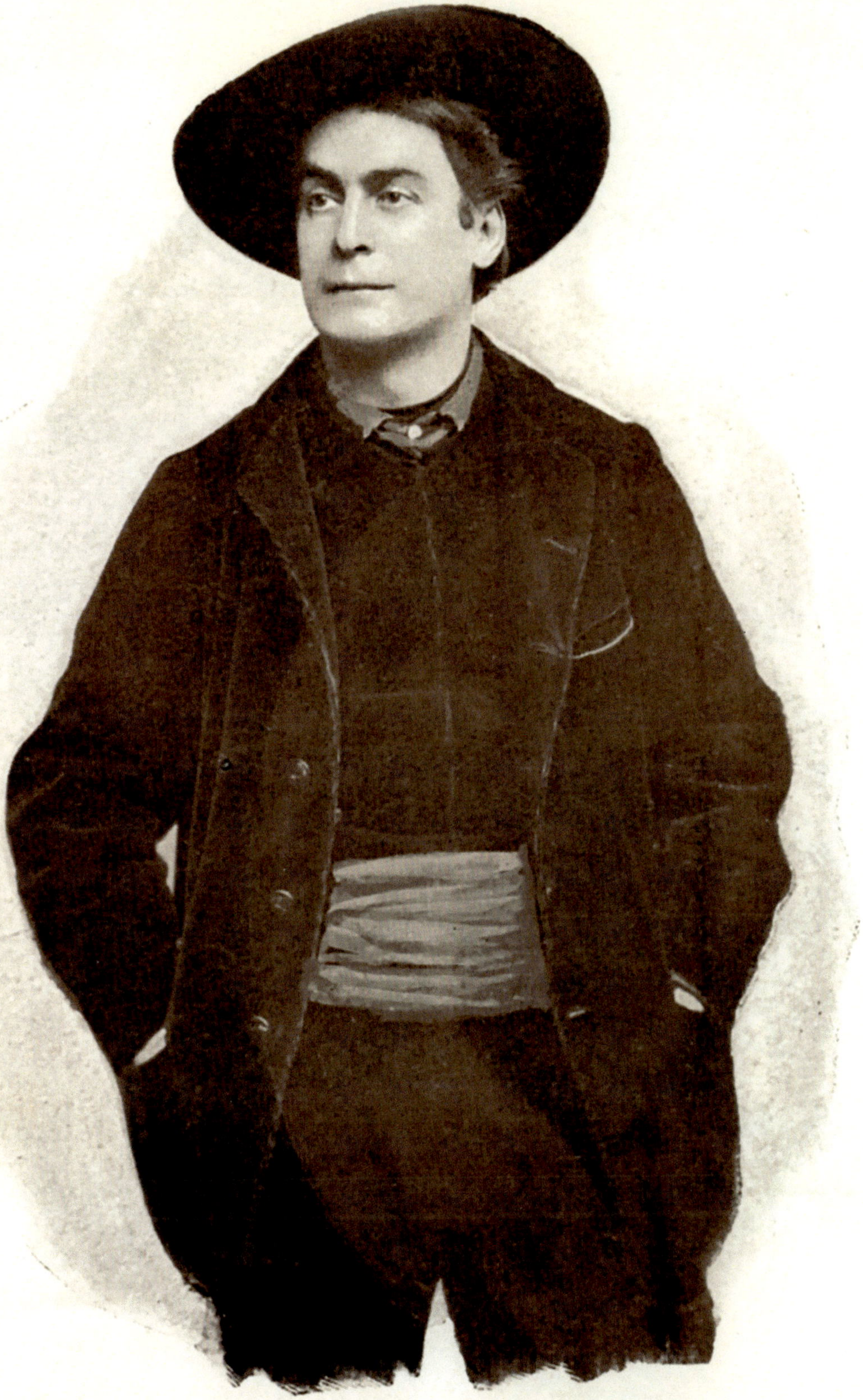

Des les Cinq étoiles!

Bourges, léternel pochard.

Of the Five stars!

Bourges, the eternal boozer.

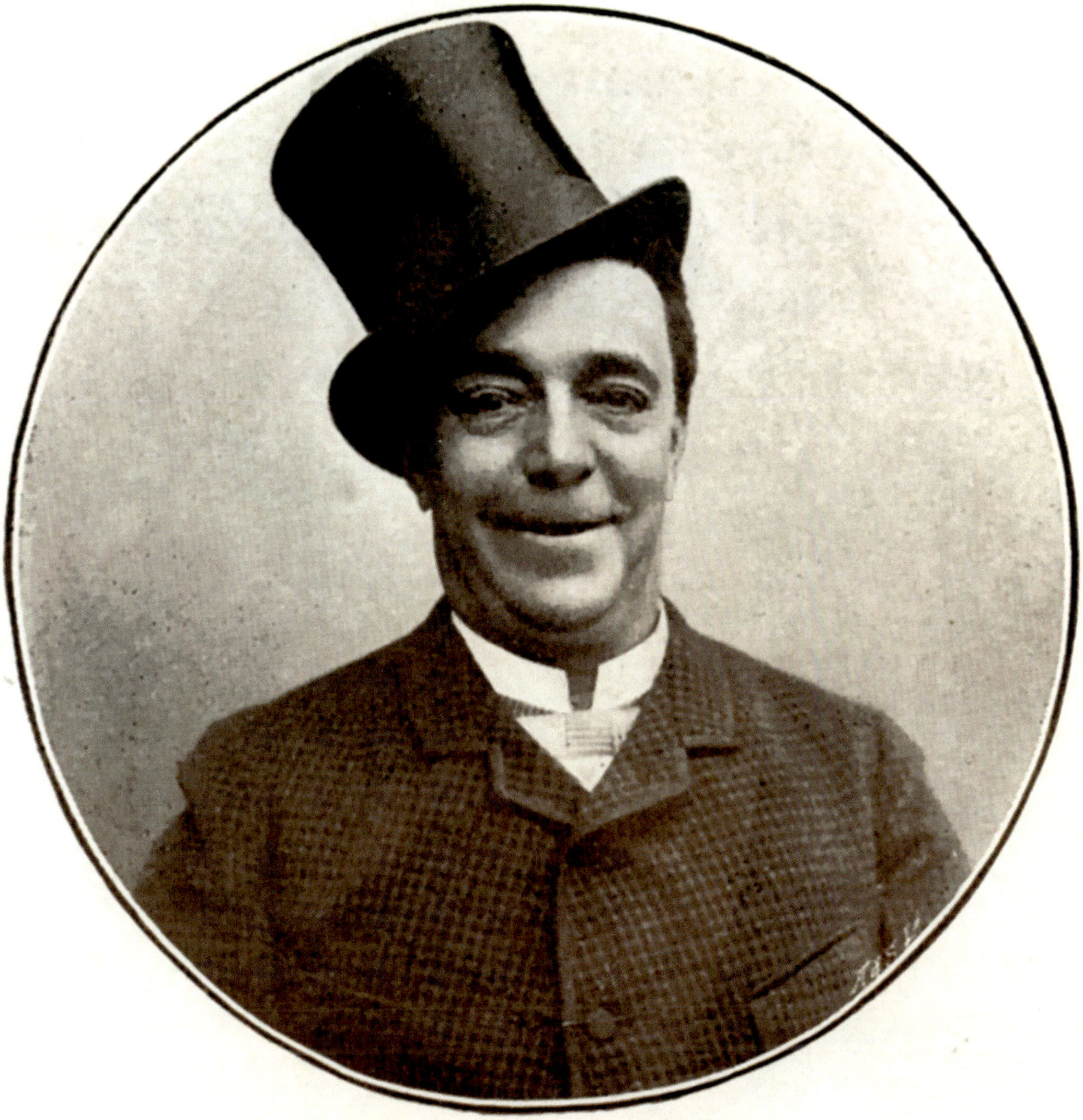

Des les Cinq étoiles!

**Enfin le macabre Brunin,
terreur des femmes enceintes, et de
qui les bras anthropoïdeux
sont le meilleur argument qu'on ait
trouvé jusqu'ici à l'appui des
doctrines darwiniennes.**

Of the Five stars!

**Lastly, the macabre Brunin, the
terror of pregnant women, and
whose anthropoid arms are the
best argument hitherto found in
support of the Darwinian
doctrines.**

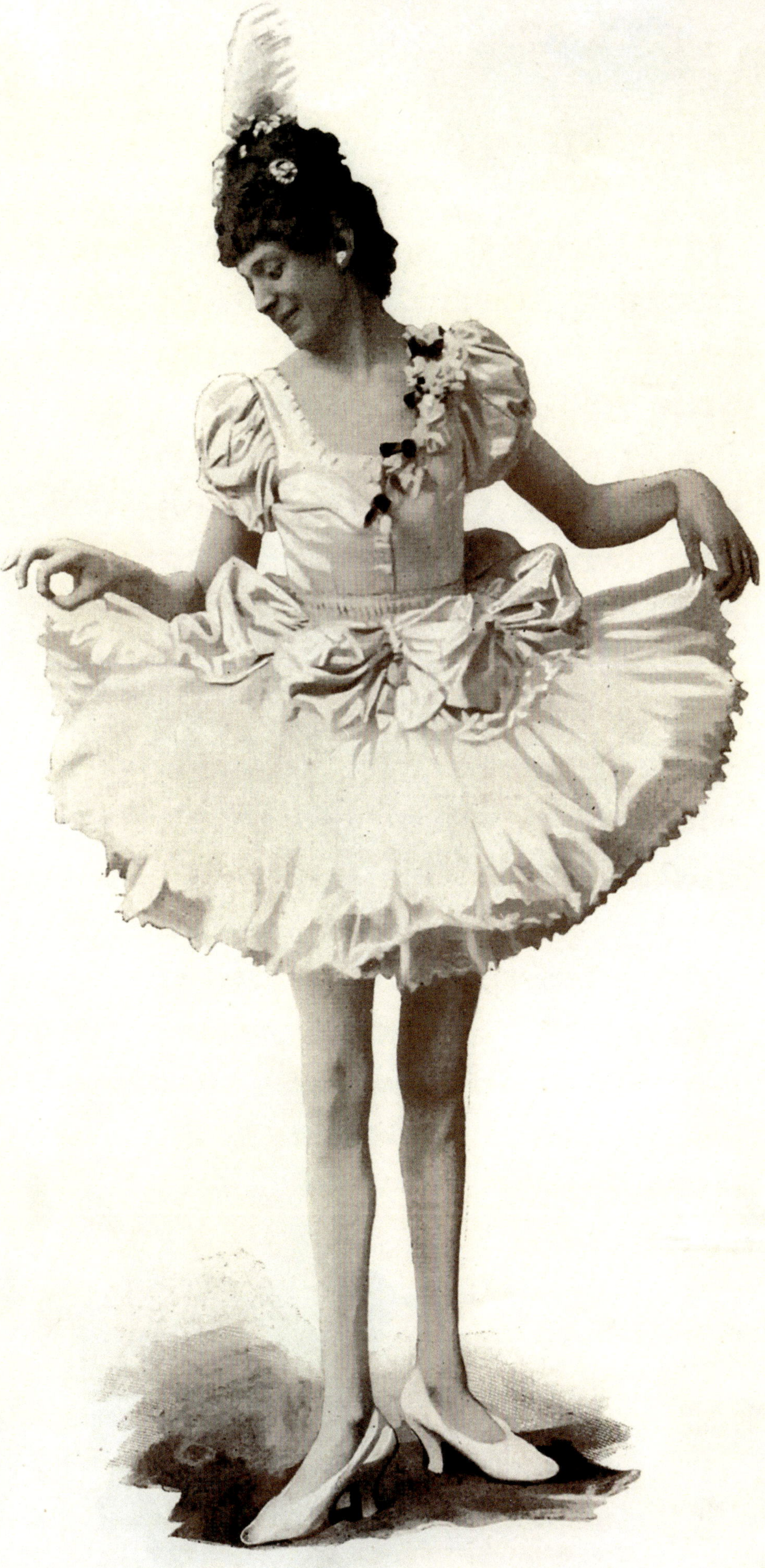

M. MAUREL

M. Maurel, qui semble fort content de lui, est doué d'une jolie voix et d'un remarquable aplomb. On l'admire et on l'imite beaucoup, dans la commission et la nouveauté, aux environs du boulevard de Strasbourg.

M. Maurel, who seems very pleased with himself, is endowed with a pretty voice and a remarkable aplomb. He was admired and imitated very much in the committee and nouveau, in the neighborhood of the Boulevard de Strasbourg.

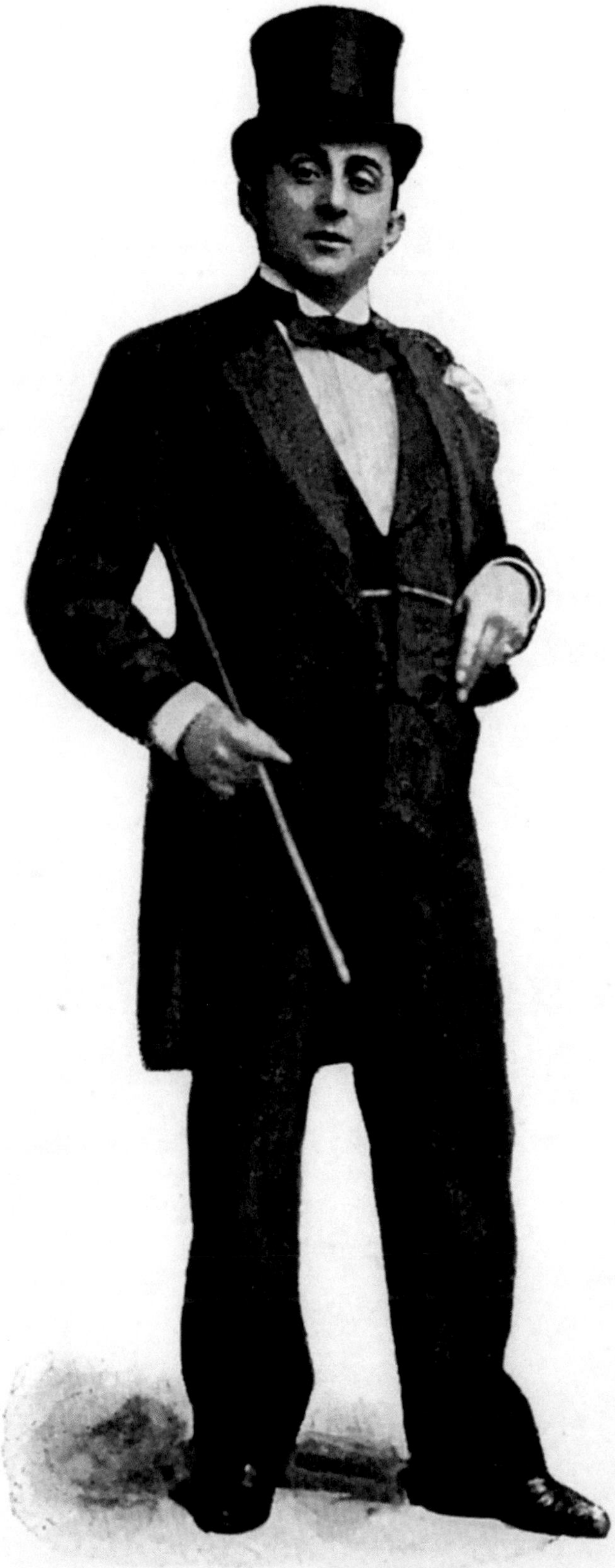

OUVRARD

Le bon, le joyeux, le suave Ouvrard. Réussissait fort bien dans les militaires. A cédé cet emploi à son camarade Polin et se console maintenant avec Icspochards. N'entre jamais en scène sans arborer son plumet.

The good, the merry, the suave Ouvrard. Succeeded very well in the military. Has given up this job to his comrade Polin and now consoles himself with the booze. Never enters the scene without wearing his plume.

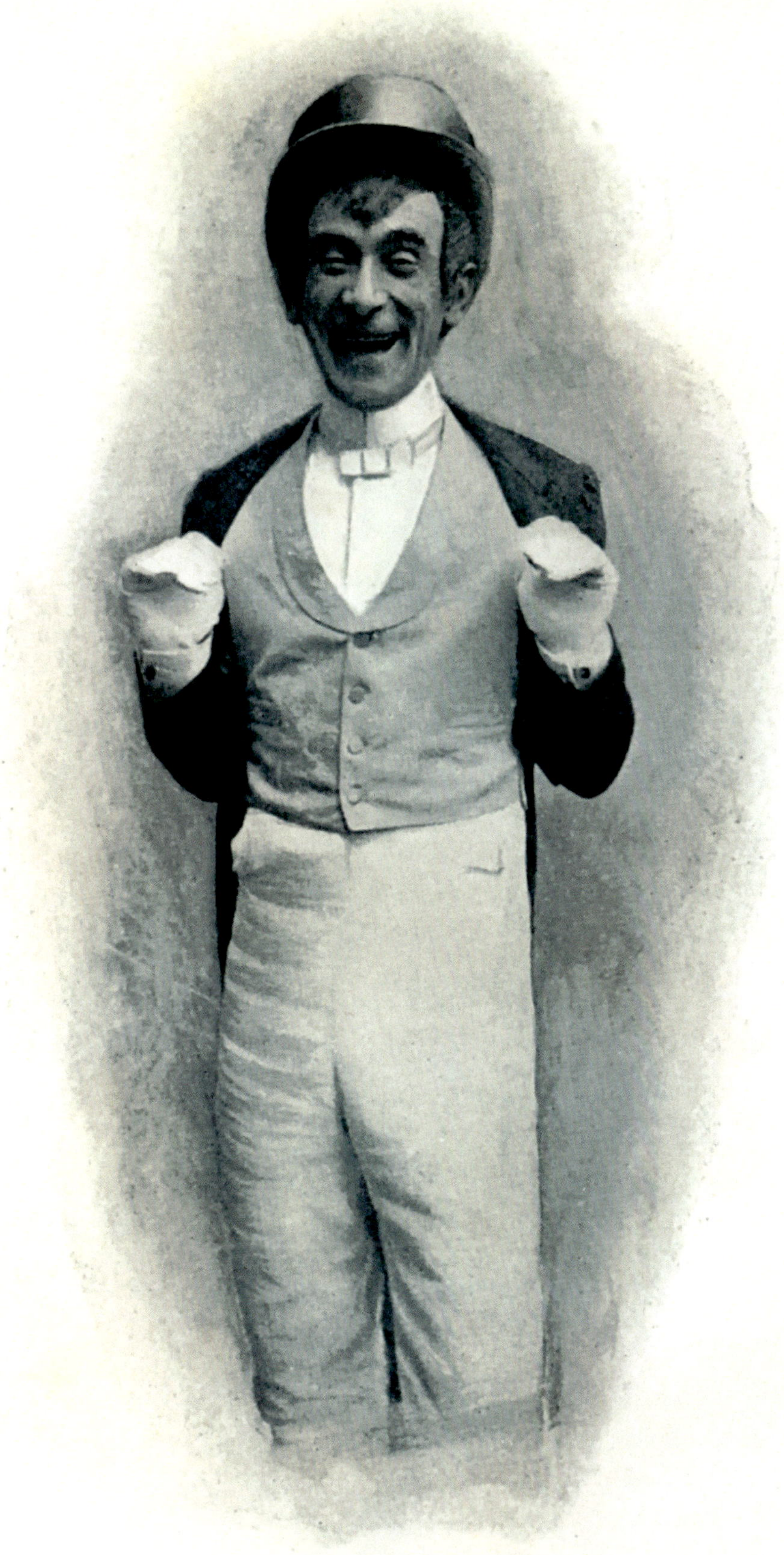

MARCELLE DULAC

Mademoiselle Marcelle Dulac - une debutante — dans le role de Marguerite Gautier, la Dame aux Camelias

Mademoiselle Marcelle Dulac - a debutante - in the role of Marguerite Gautier, the "Lady of the Camelias"

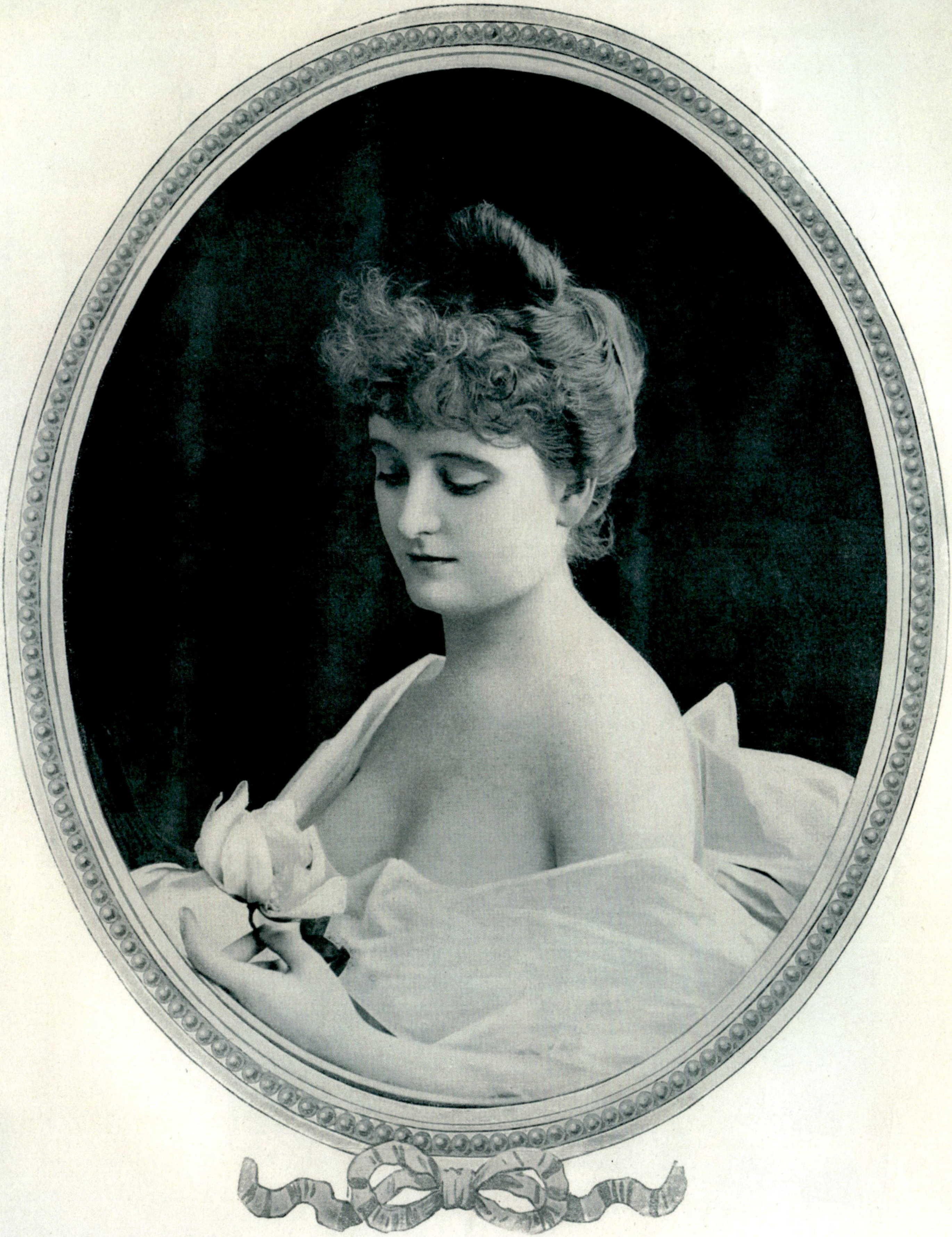

**LA SORTIE
DES THEATRES**

**L' HEURE DU
CHOCOLAT !**

AT THE THEATER.

**THE HOUR OF
CHOCOLATE!**

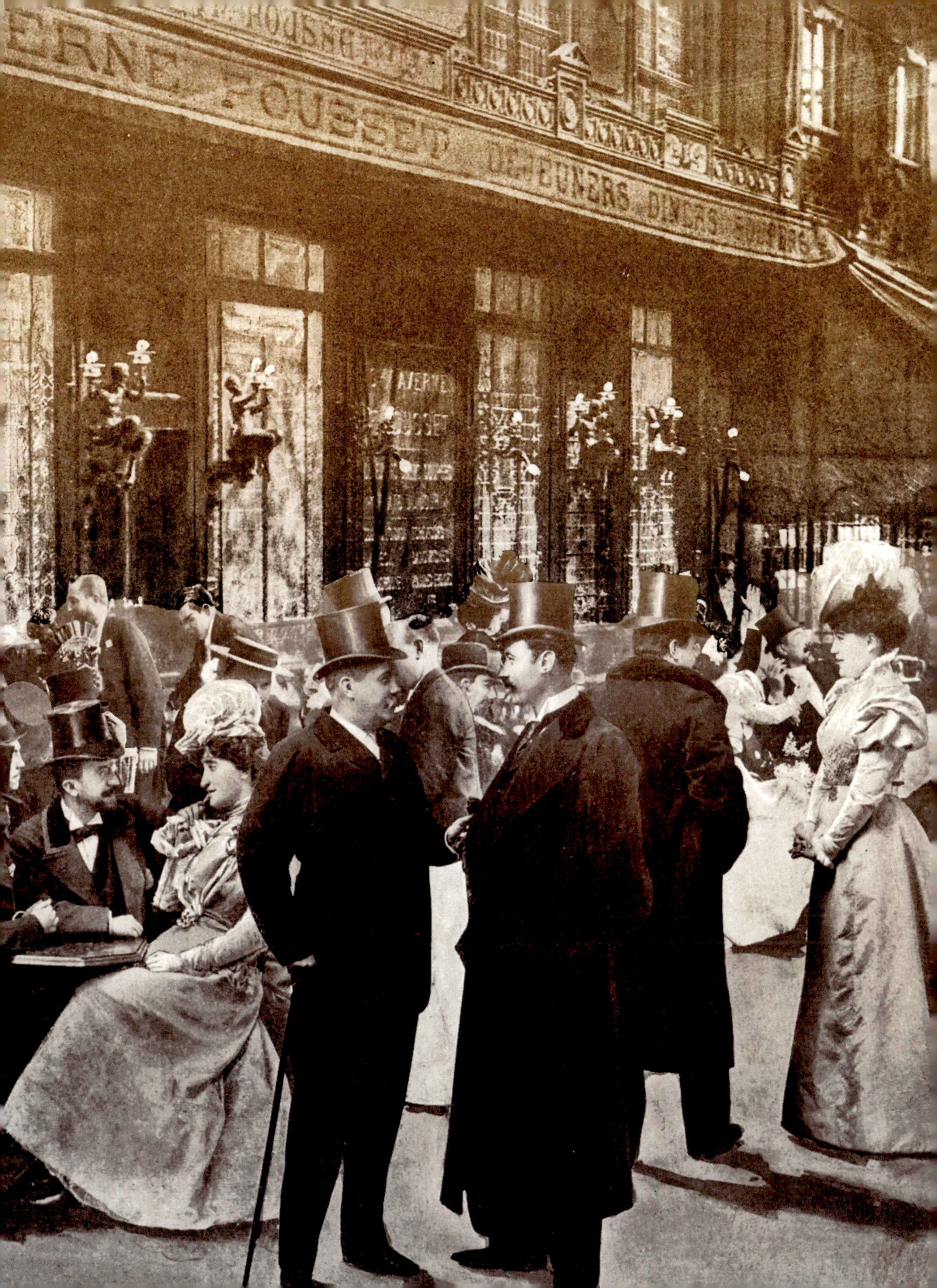
ERNE FOUSSET
DEJEUNERS DINERS

Quand le soleil brille, quand la bise matinale a séché les avenues, il est salutaire de prendre un peu d'exercice. On enfourche sa bécane, une machine de George Richard, légère comme un papillon, on abat ses vingt kilomètres, On se repose à Annenonville.... Est-il, je vous le demande, un meilleur apéritif?

When the sun shines, when the morning wind has dried up the avenues, it is beneficial to take a little exercise. We ride the bike, a machine of George Richard, light as a butterfly, we cut down its twenty kilometers, resting in Annenonville .. Is there, I ask you, a better aperitif?

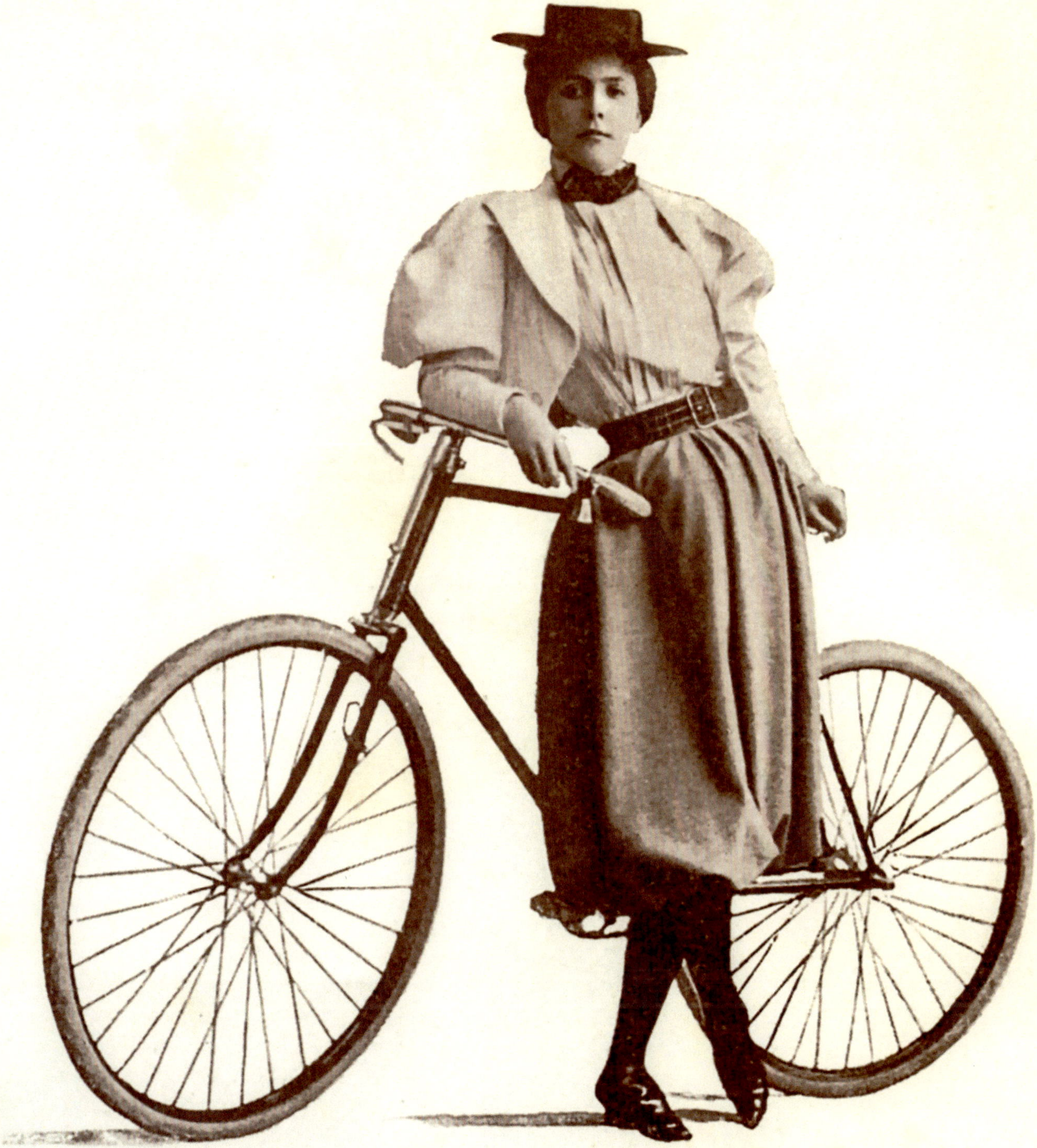

Ou bien encore, c'est le patin — auquel succèdent la rêverie lasse, la volupté de la cigarette, la reposante langueur d'une lecture sentimentale.

Or again, it is the rush - followed by the weary reverie, the voluptuousness of the cigarette, the restful languor of a sentimental reading.

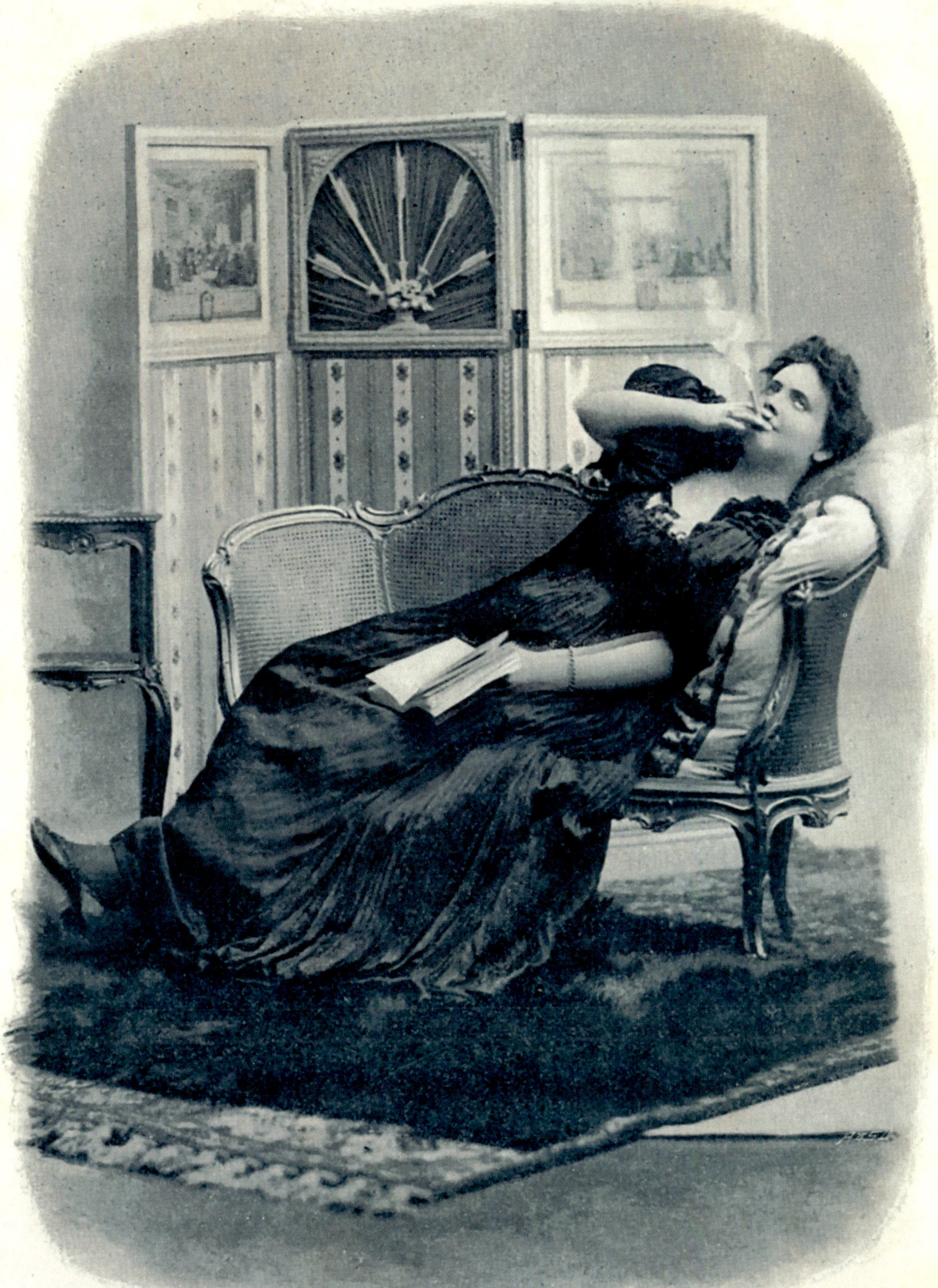

Ma chère, voulez-vous de moi pour déjeuner? — SI je vous veux! Quelle gentille idée vous avez eue! » La table est mise; un gai rayon de soleil se joue parmi les cristaux et les porcelaines du Grand Dépôt Drouot. Les deux amies se sont assises et bavardent — en garçons. De quoi causent-elles'? On le devine!... Leur* fines quenottes déchirent, avec un égal appétit, le pain doré... et la réputation du prochain. C'est un vrai carnage. La nappe est un champ de bataille jonché de morts et de blessés. Les petites Parisiennes ont la dent cruelle. Malheur à qui les a offensées!

My dear, will you have me for breakfast? - If I want you! What a nice idea you had! " The table is set; A cheerful ray of sunshine is played among the crystals and porcelains of the Grand Dépôt Drouot. The two friends sat and chatted - of boys. What are they causing? They can be guessed! Their delicate quenches tear, with equal appetite, the golden bread, and the reputation of their neighbor. It's a real carnage. The tablecloth is a battlefield strewn with dead and wounded. The little Parisians have a cruel tooth. Woe to those who have offended them!

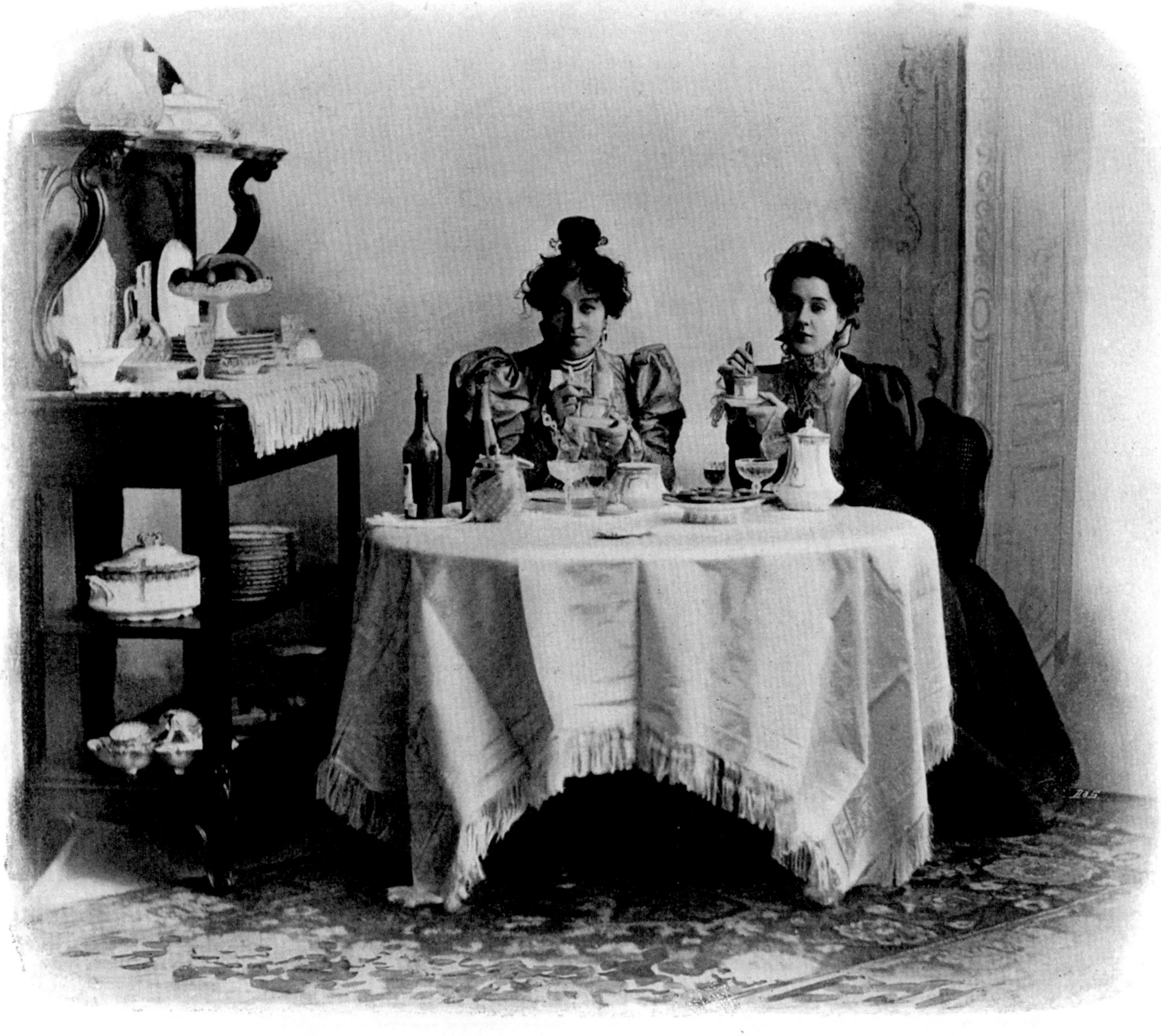

HENRIETTE D'ALZAC

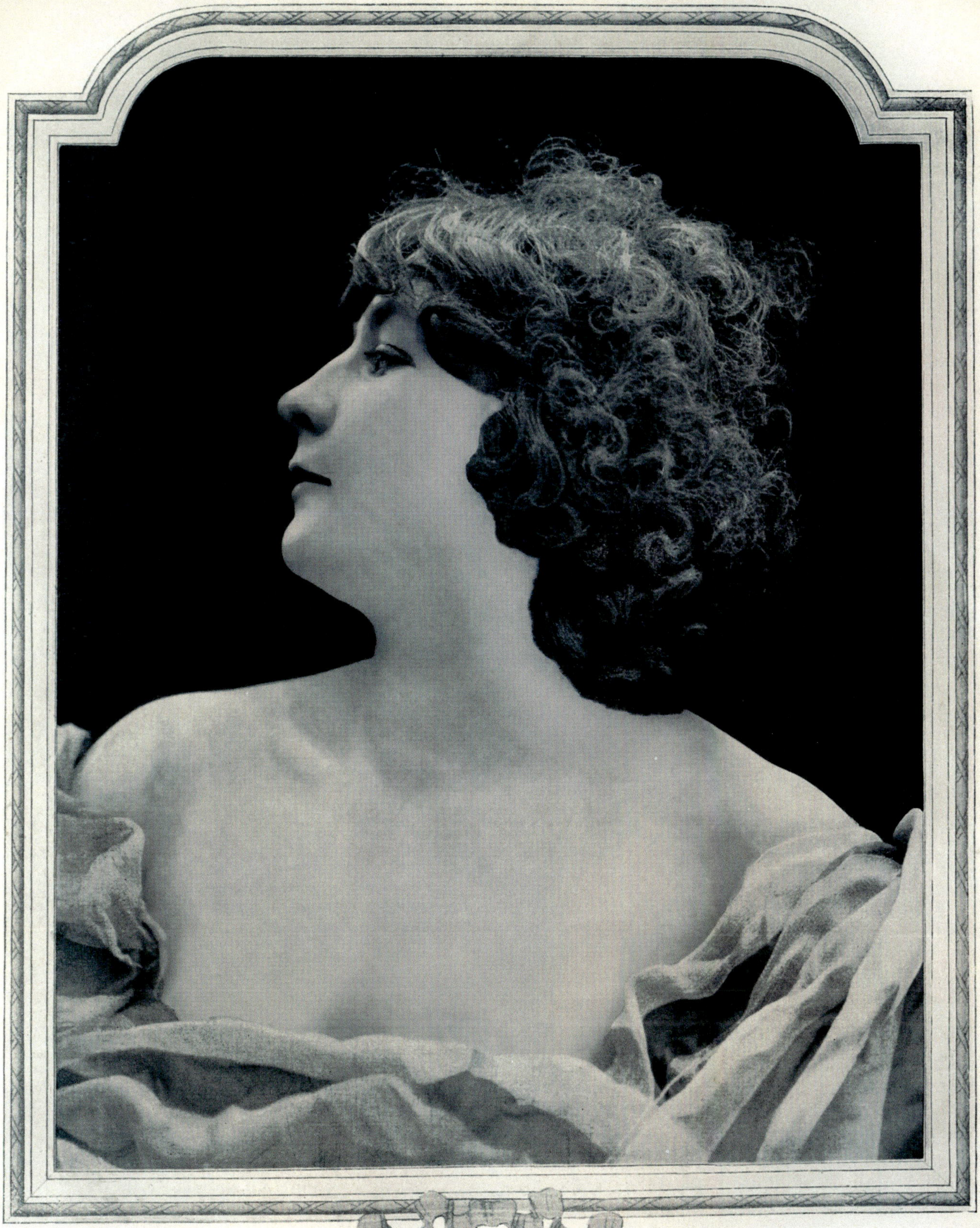

COLETTA

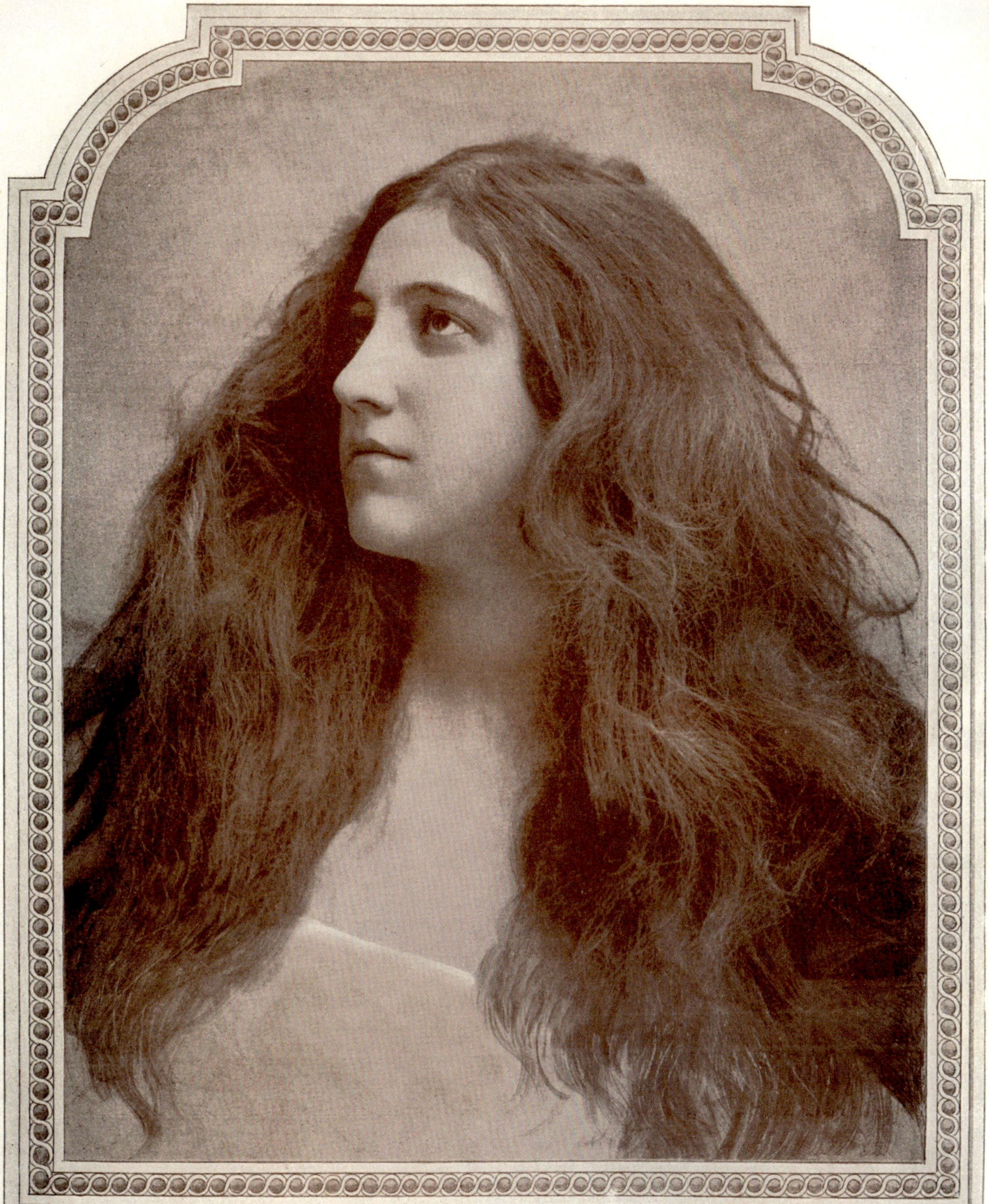

POUPETTE DE RUYSSER

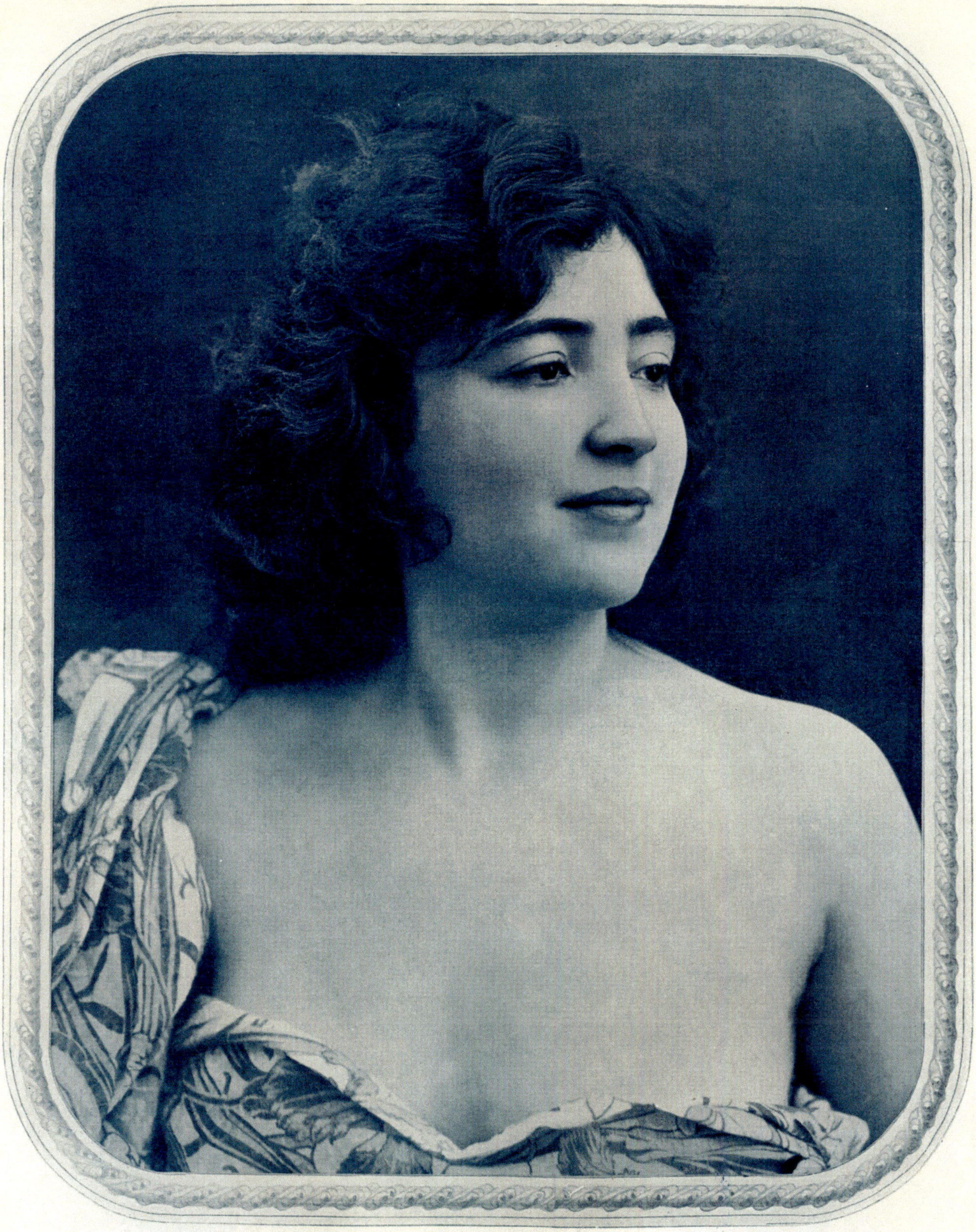

FONT CARESSES ET MORSURES

CARESSES AND BITES

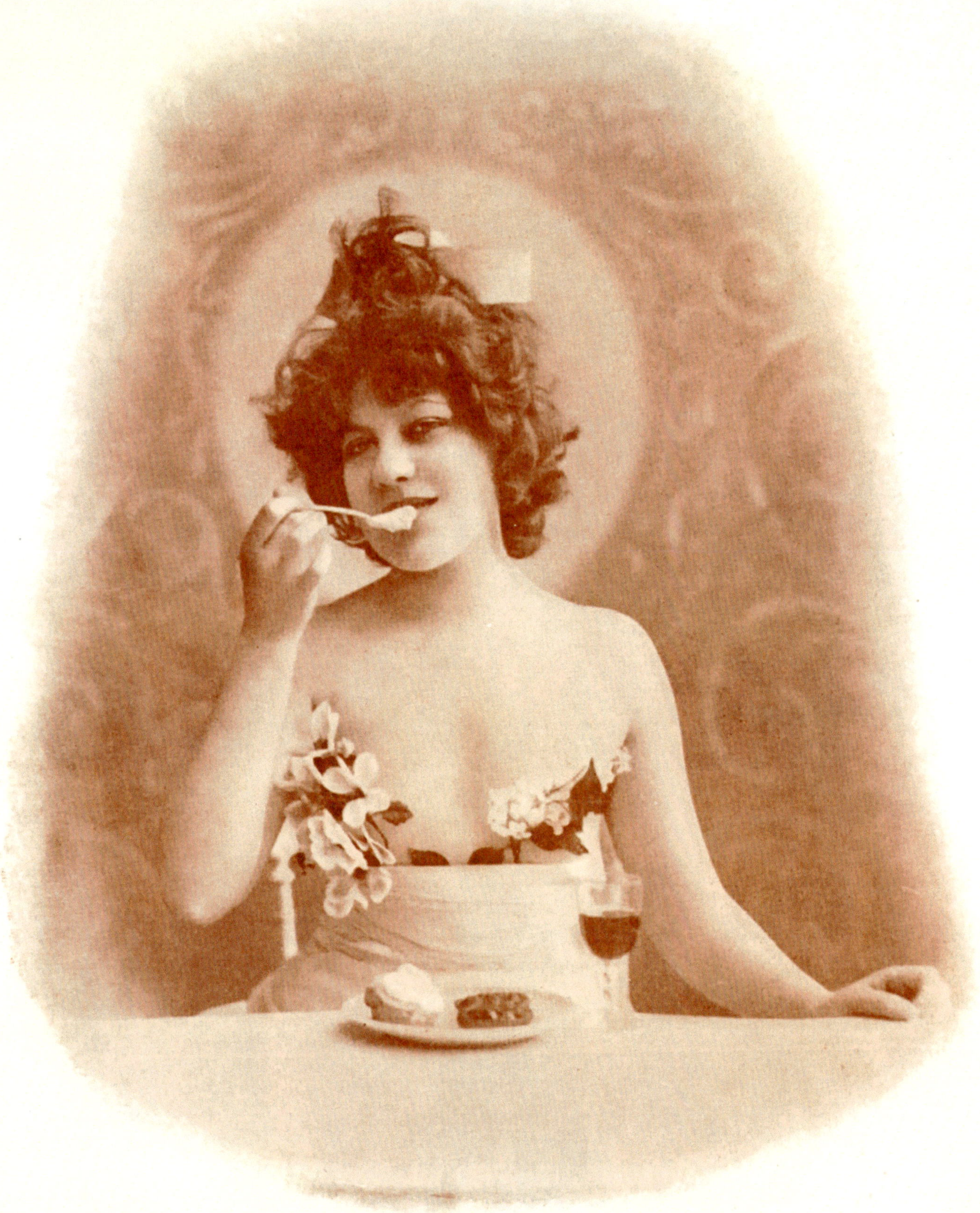

HAUGUEL

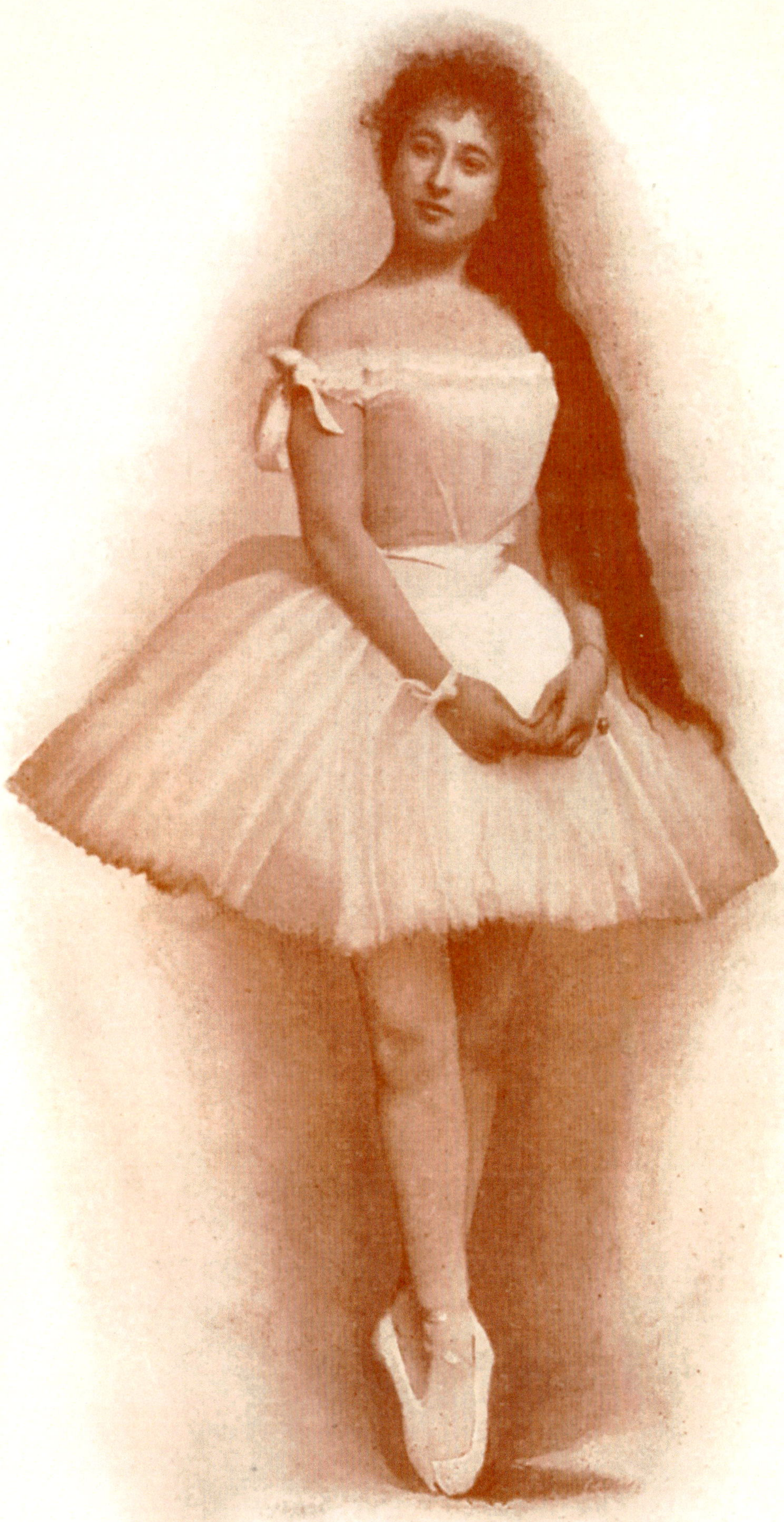

MARCELLE DE SAINT - ANDRE

72

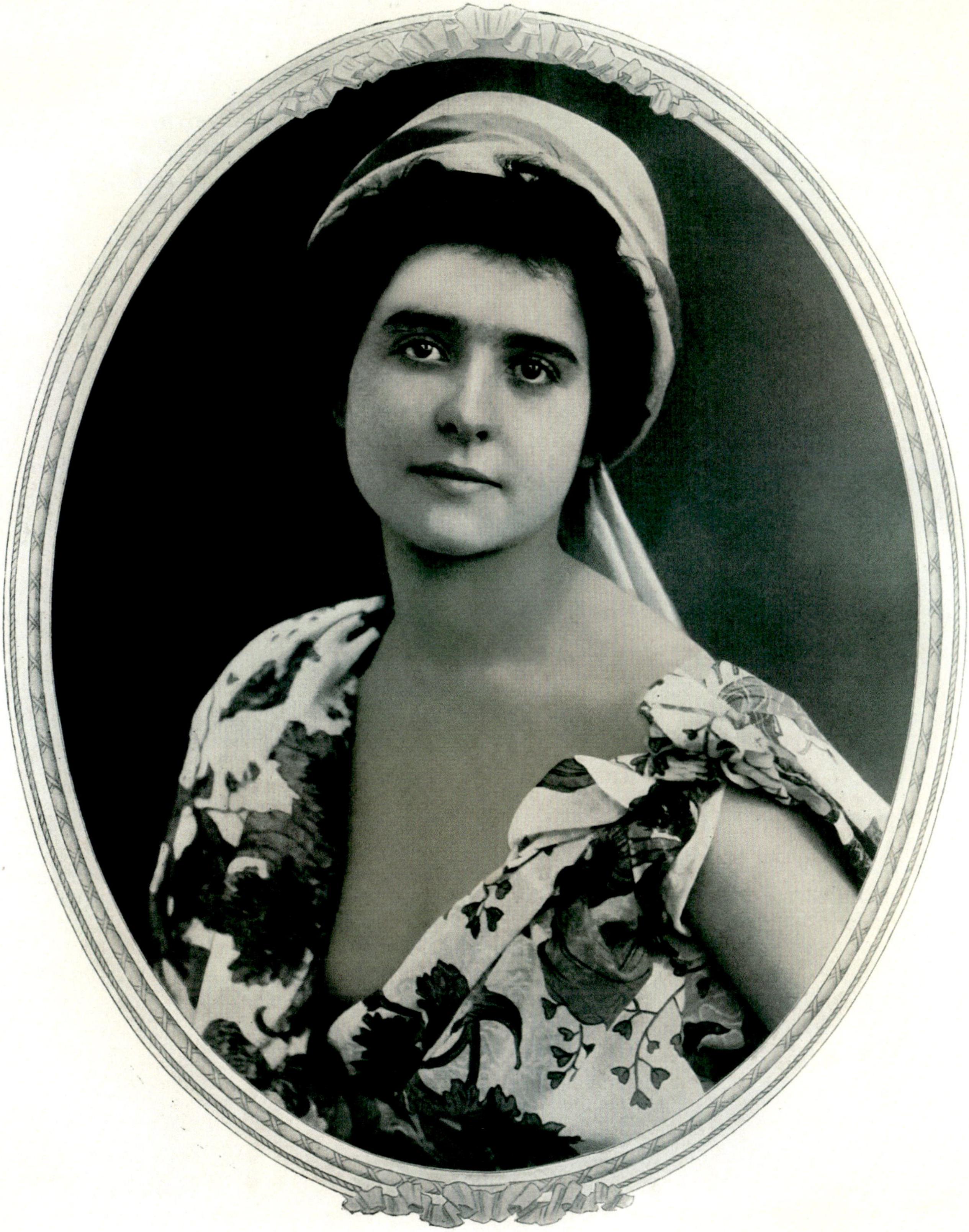

MARGUERITE LIGNIERE

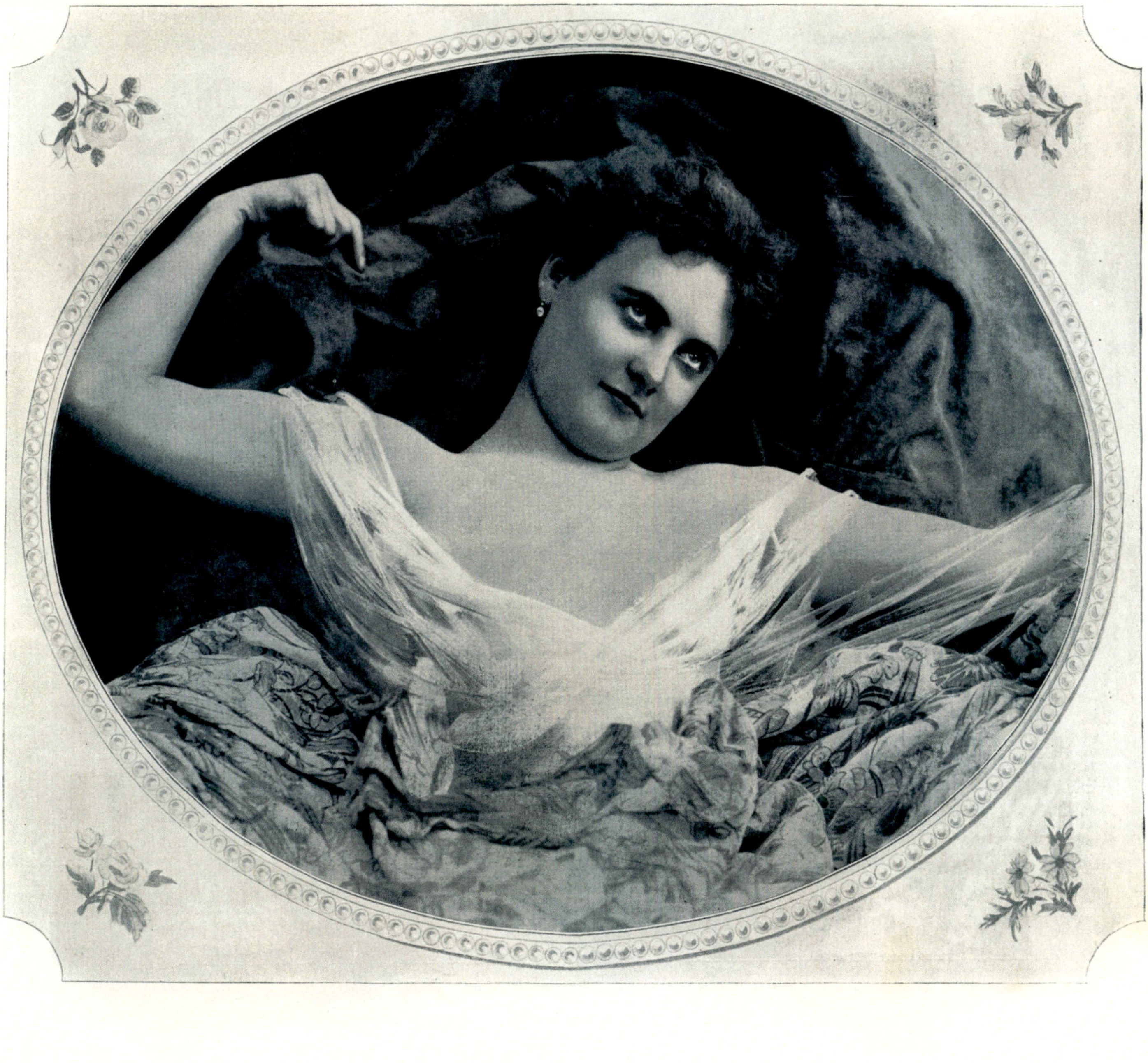

Ce qu'aperçoit l'abonné du premier rang.

What the subscriber sees in the first row.

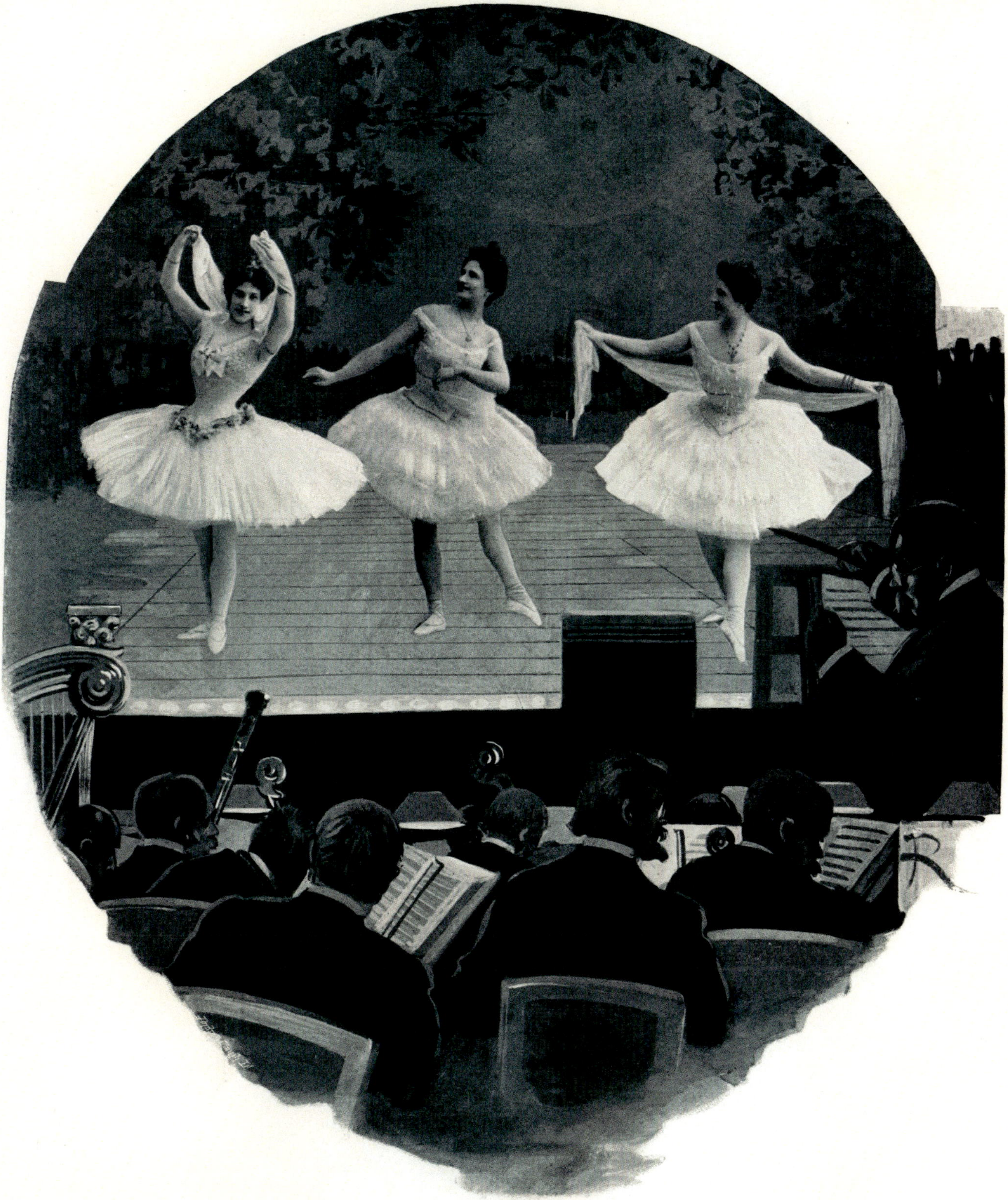

LA GRANDE SALLE DU CAFE AMERICAIN

Les rendez-vous de noble
compagnic
Se donnent tous en ce charmant
sejour!

THE GREAT ROOM OF THE AMERICAN CAFÉ

The appointments of noble
company.
Give each one in this charming
stay!

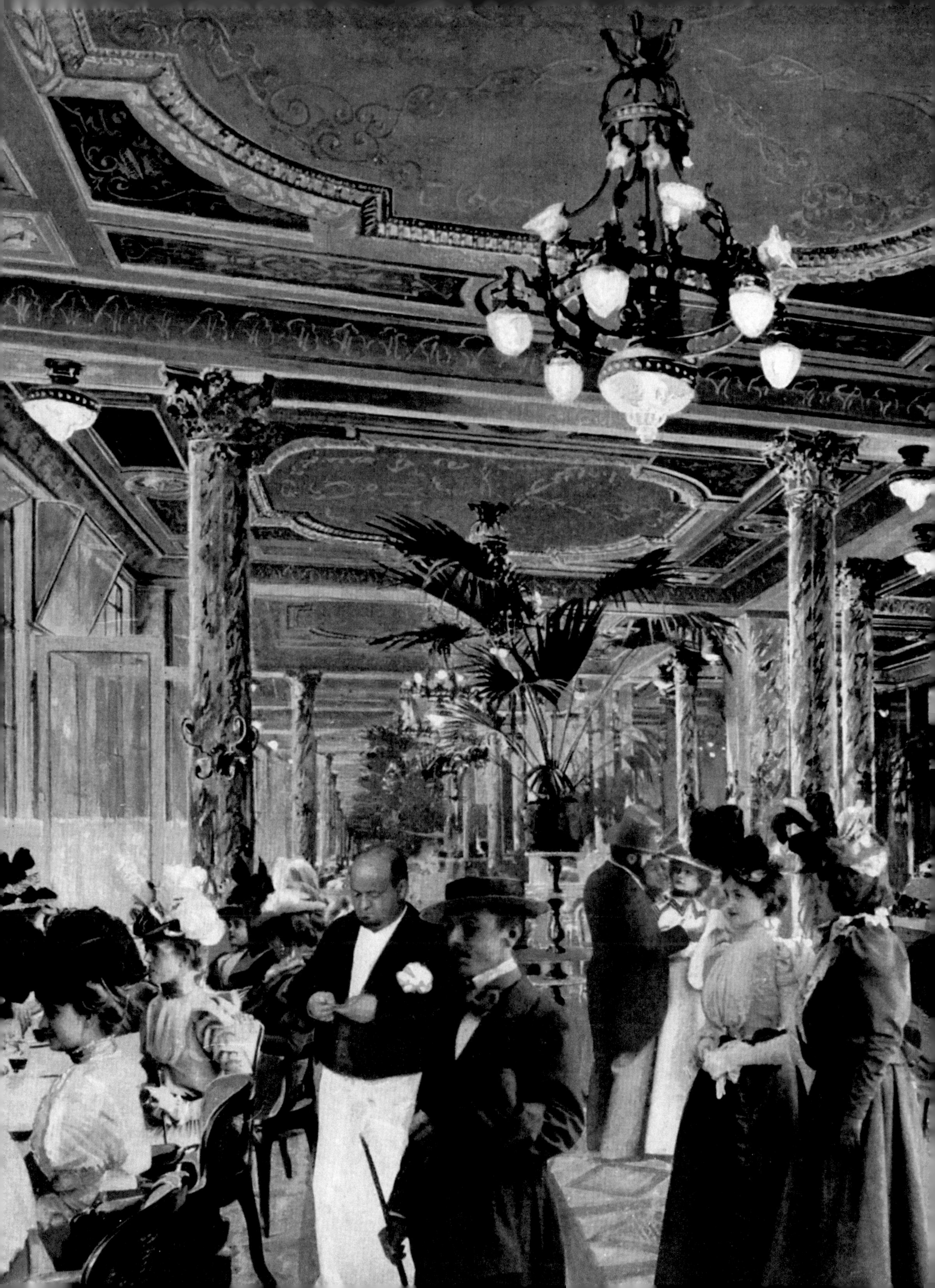

Mlles Langue et Décoder interrogent le Destin. Scène symbolique, empruntée à une revue du Palais Royal ; Valet de carreau... un jeune homme blond.... As de trèfle... vous force à accepter un petit hôtel...

Misses Language and Decoder question Fate. A symbolic scene, borrowed from a review of the Royal Palace: "Jack of diamonds ... a blond young man ... Aces of spades ... you are forced to accept a small hotel ...

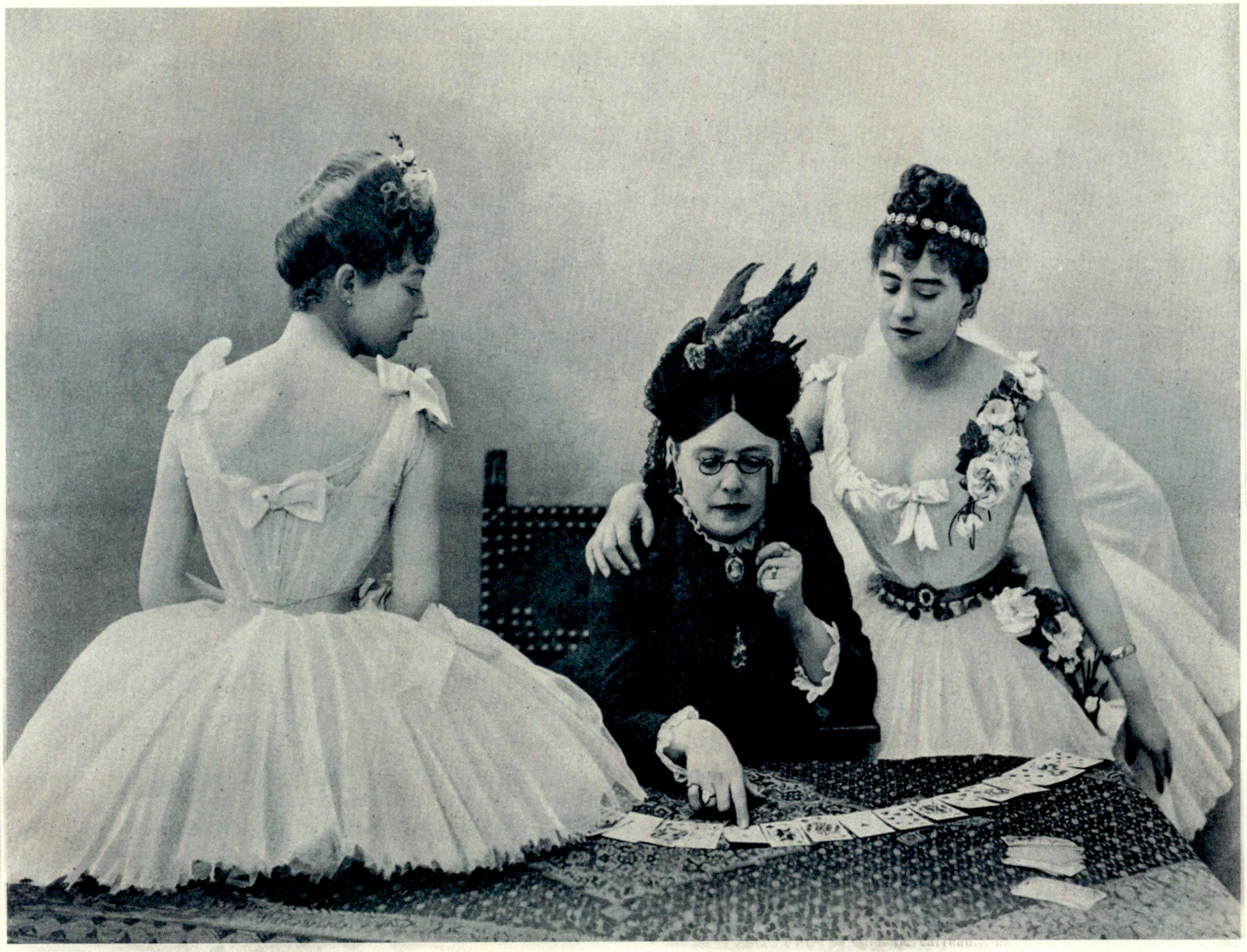

WALKER

82

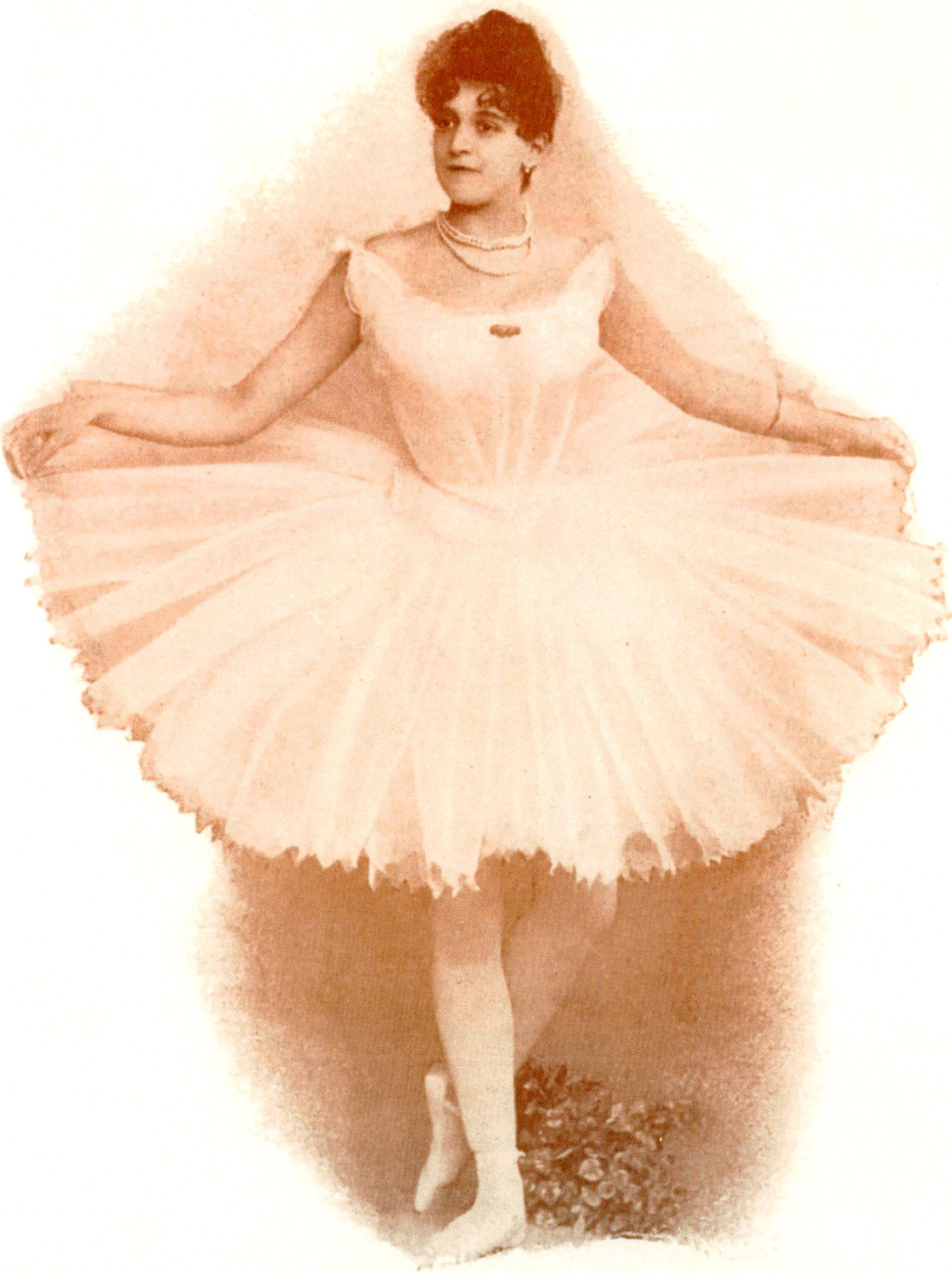

CLEO DE MERODE

Trois aspects de Mlle Cleo de Merode, la belle des reines, la reine des belles, aimee des Sculpteurs, des Dieux et des Rois....

CLEO DE MERODE

Three aspects of Miss Cleo de Merode, the beautiful queen, queen of the beautiful, loved by Sculptors, Gods and Kings ....

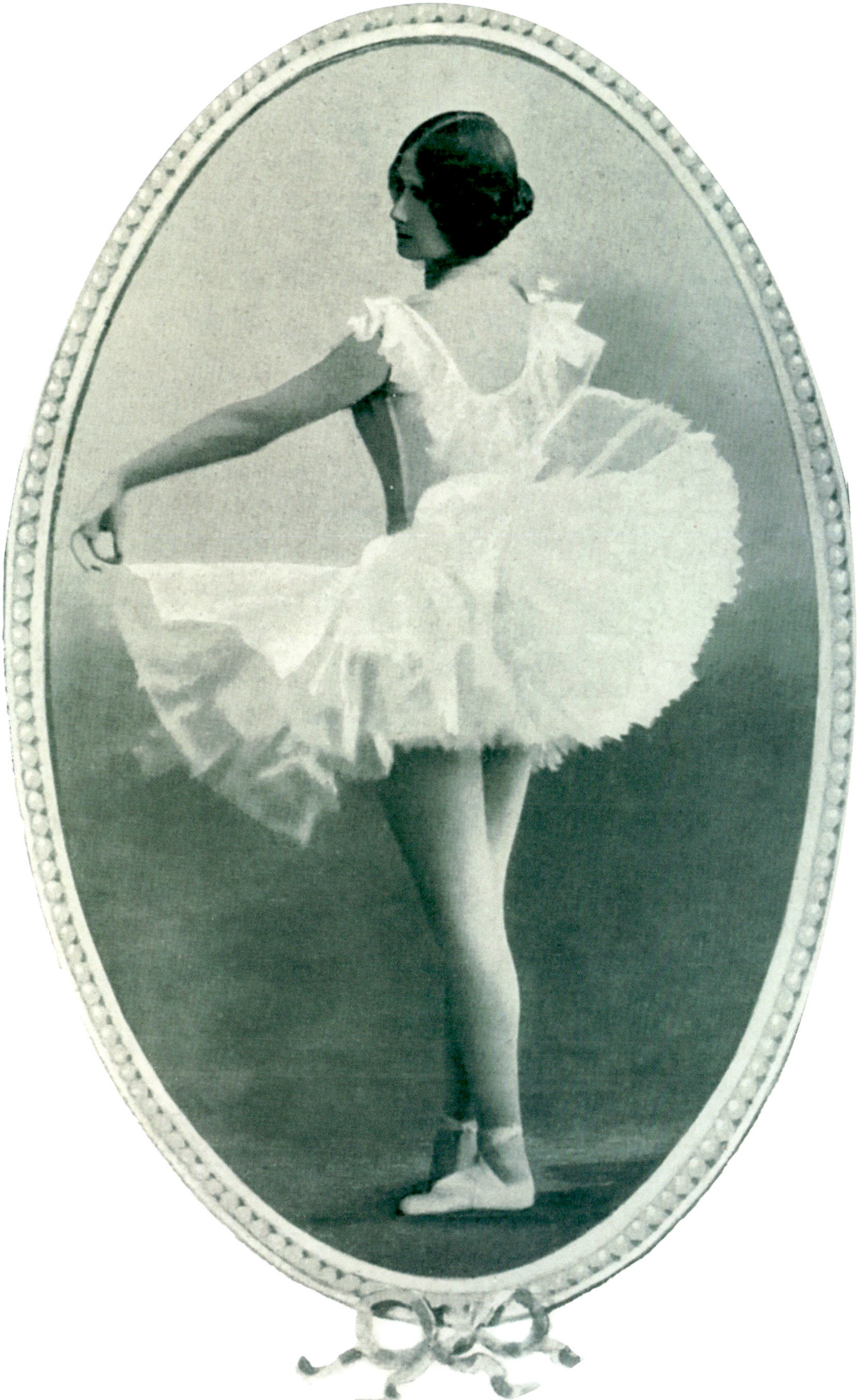

AUTEUIL - Les Tribunes

AUTEUIL RACECOURSE –

The Grand Stand

...and steeple-chase d'Auteuil.

Devant l'obstacle.

MONTMARTRE S'AMUSE...

LA SORTIE DU MOULIN ROUGE

ENTERTAINMENT AT MONTMARTE...

A TRIP TO THE MOULIN ROUGE.

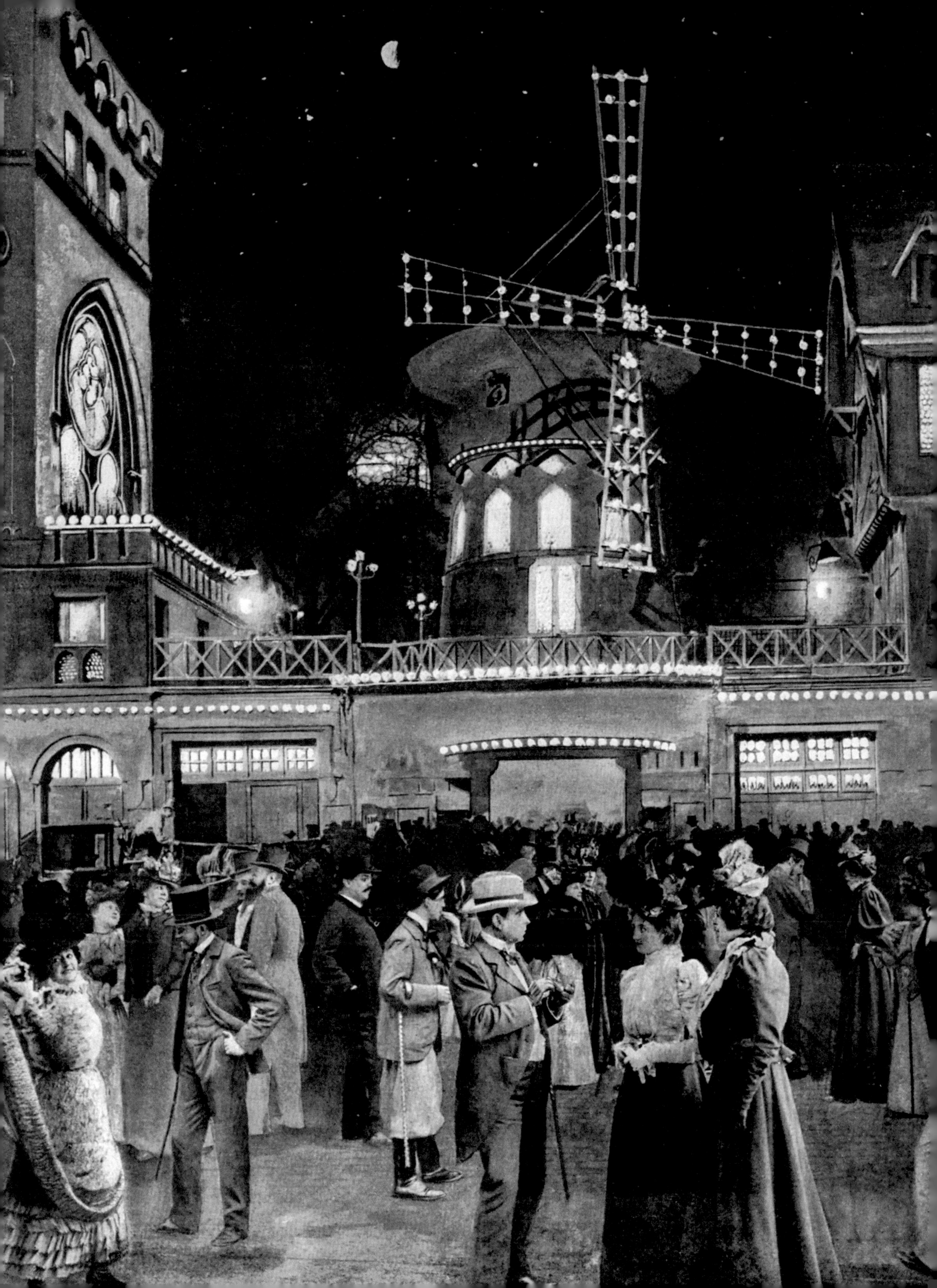

C'est le fameux Moulin de la Galette. — Le demi-monde parisien, séduit par le nom symbolique de cet établissement, en a déposiez ses clients habituels, qui sont d'une classe moins relevée, quoique appartenant à la même profession. La galanterie, comme la chevalerie, compte plusieurs ordres. S\Y>/re image représente le Moulin de la Galette avant sa transformation. Vous y découvrirez, en cherchant bien, la grande Eva, Gugusse, Anatole, Ernestine-la-Grélée et autres personnages sympathiques. Et ce qu'ils s'amusent! la vieille gaieté française, quoi!!!

It is the famous Moulin de la Galette. - The Parisian half-world, seduced by the symbolic name of this establishment, has deposited its usual customers, who are of a less elevated class, although belonging to the same profession. Gallantry, like knighthood, has several orders. The image represents the Moulin de la Galette before its transformation. You will discover, in a good search, the great Eva, Gugussey Anatole, Ernestine-la-Grélée and other sympathetic characters. And what fun they have ! The old French gaiety, what!

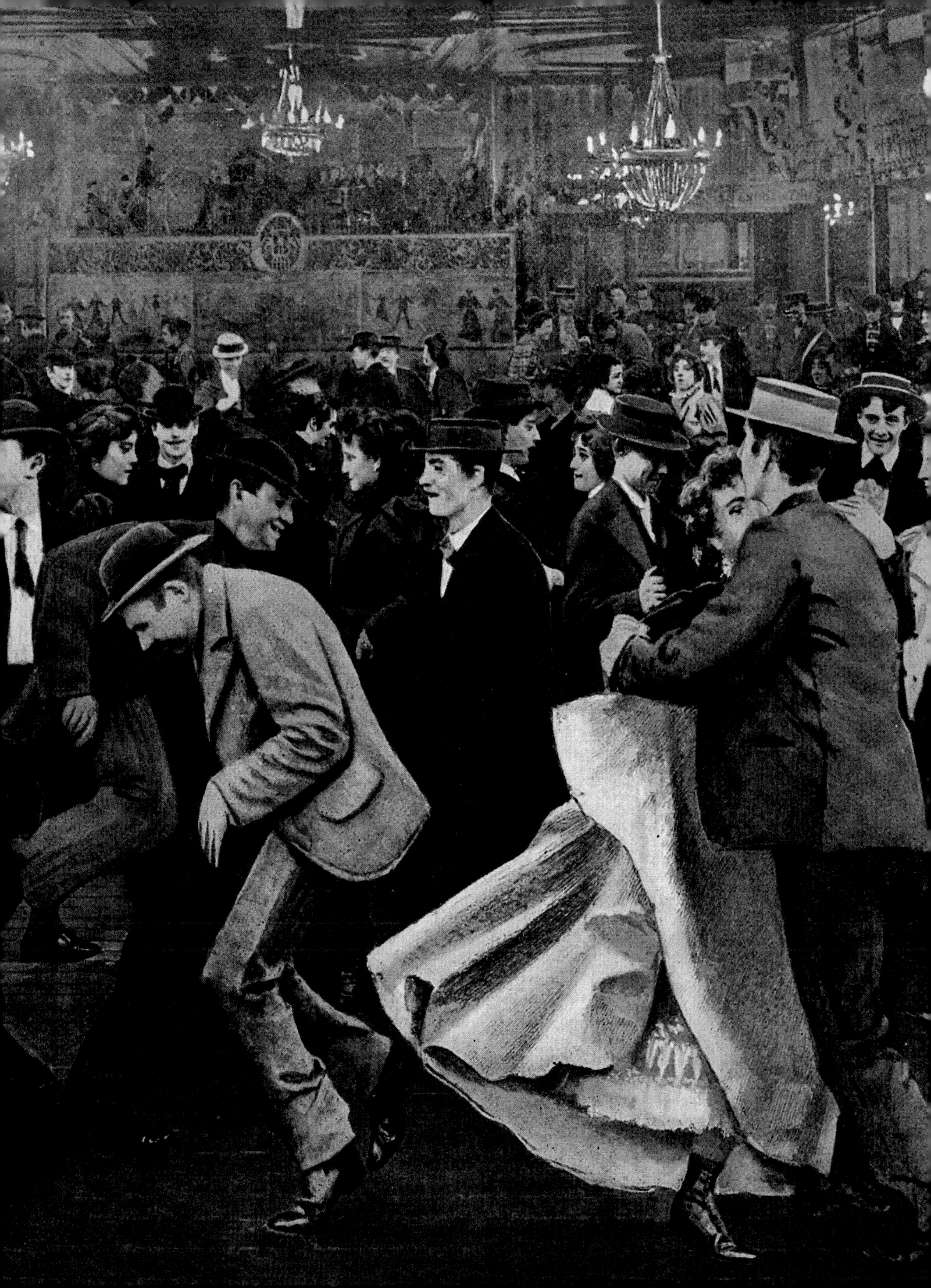

LE BAL DU MOULIN - ROUGE

Un des endroits selects de Paris, connu et apprecie de tous les ctr angers dt distinction. Les danseu^es du Moulin-Rouge ont eu ravantage de lever la jambe devant les Grands Ducs qui ne leur ont pas menage les compliments. Cefut un grand honneur pour Montmarlre. De telles emotions ne s'oublient pas!

One of the most sought after places in Paris, known and appreciated by all the distinguished guests. The dancers of the Moulin-Rouge had the advantage of raising their legs in front of the Grand Dukes, who did not pay them compliments. It was a great honor for Montmartre. Such emotions are not forgotten!

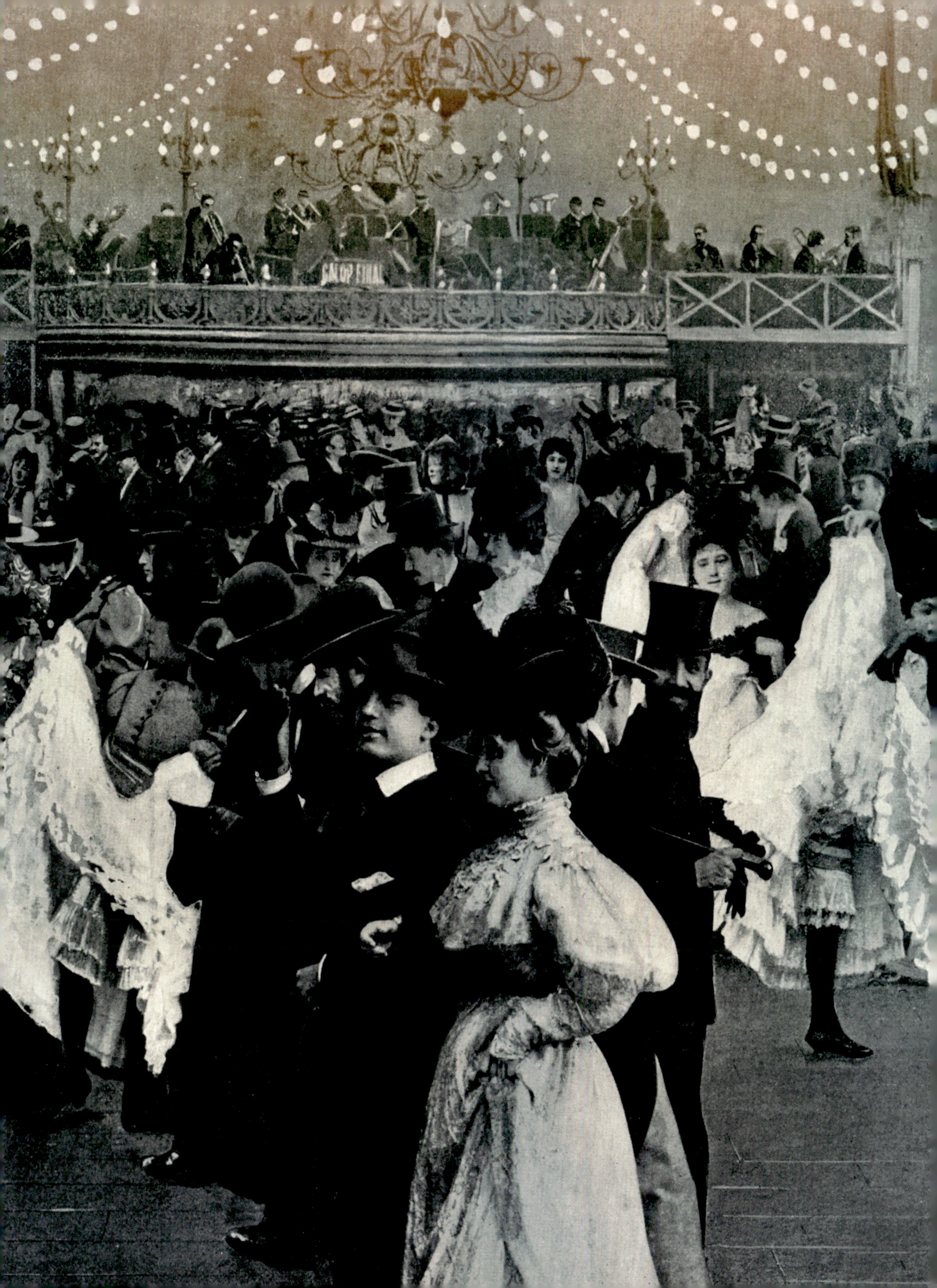
GALOP FINAL

VUE PANORAMIQUE DU JARDIN DES BUTTES – CHAUMONT.

PANORAMIC VIEW OF THE GARDEN BUTTES --- CHAUMONT.

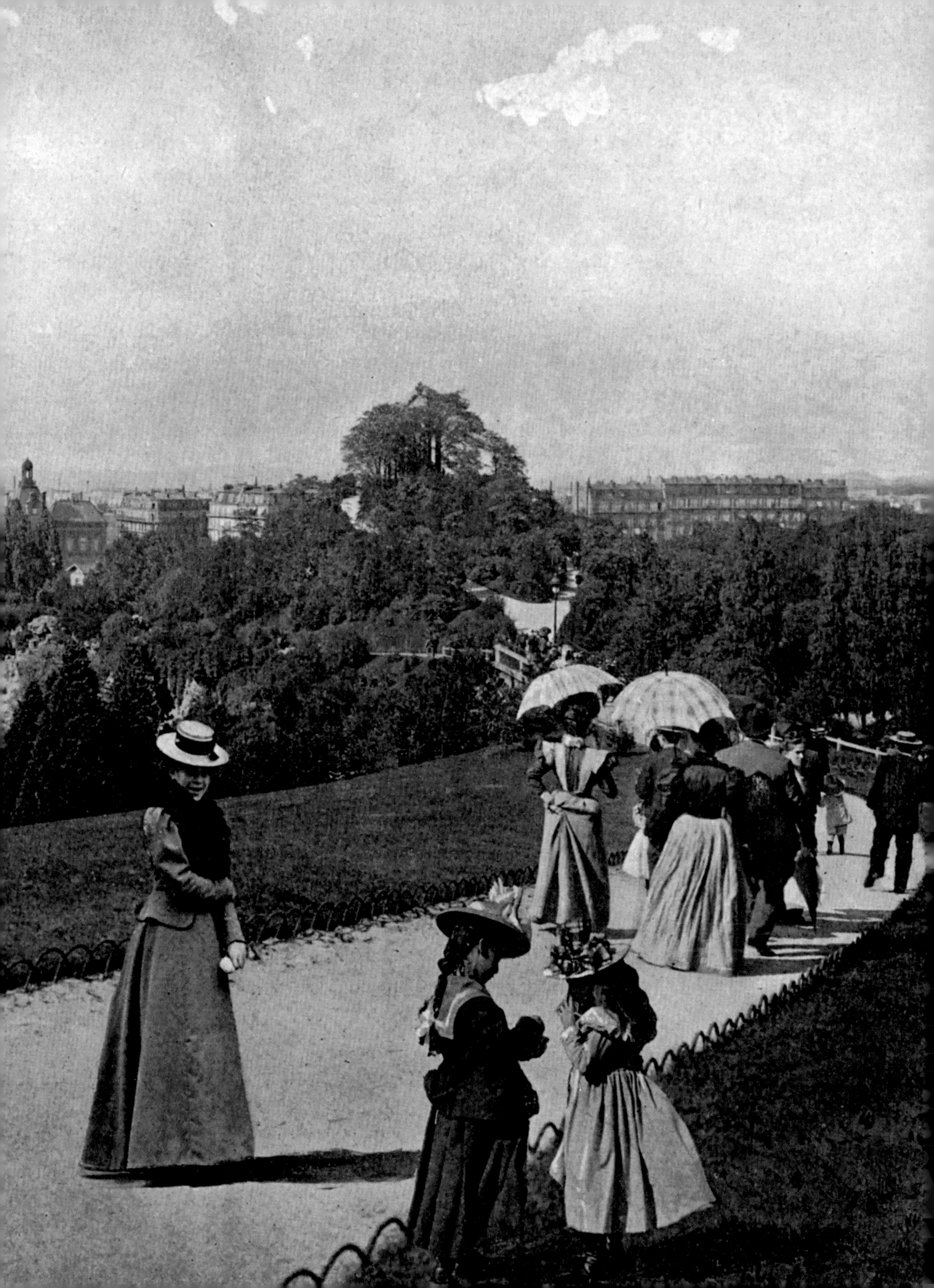

Les Courses d'Auteuil — instituées par la Société de* steeple-chases de France. Cette Société, fondée en 1863, a pour but de favoriser les courses d'obstacles ; ses efforts se sont unis à ceux de la Société d'Encouragement qui ne s'occupe que des courses plates. Elle doit en grande partie sa prospérité au prince de Sagan, qui amena a l'Hippidrome d'Auteuil la société la plus elegante de Paris. La Société fait courir 16 journées au printemps, 8 en été, 16 en automne. Elle distribue chaque année pour 2,500,000 francs de prix.

The Auteuil Race Course - instituted by the Society of steeple-chases of France. This Society, founded in 1863, aims to promote obstacle courses; His efforts were united with those of the Society of Encouragement, which dealt only with flat races. It owed much of its prosperity to the Prince de Sagan, who brought to the Hippidrome d'Auteuil the most eminent society in Paris. The Society runs 16 days in the spring, 8 in the summer, 16 in the fall. It distributes each year for 2,500,000 francs in prizes.

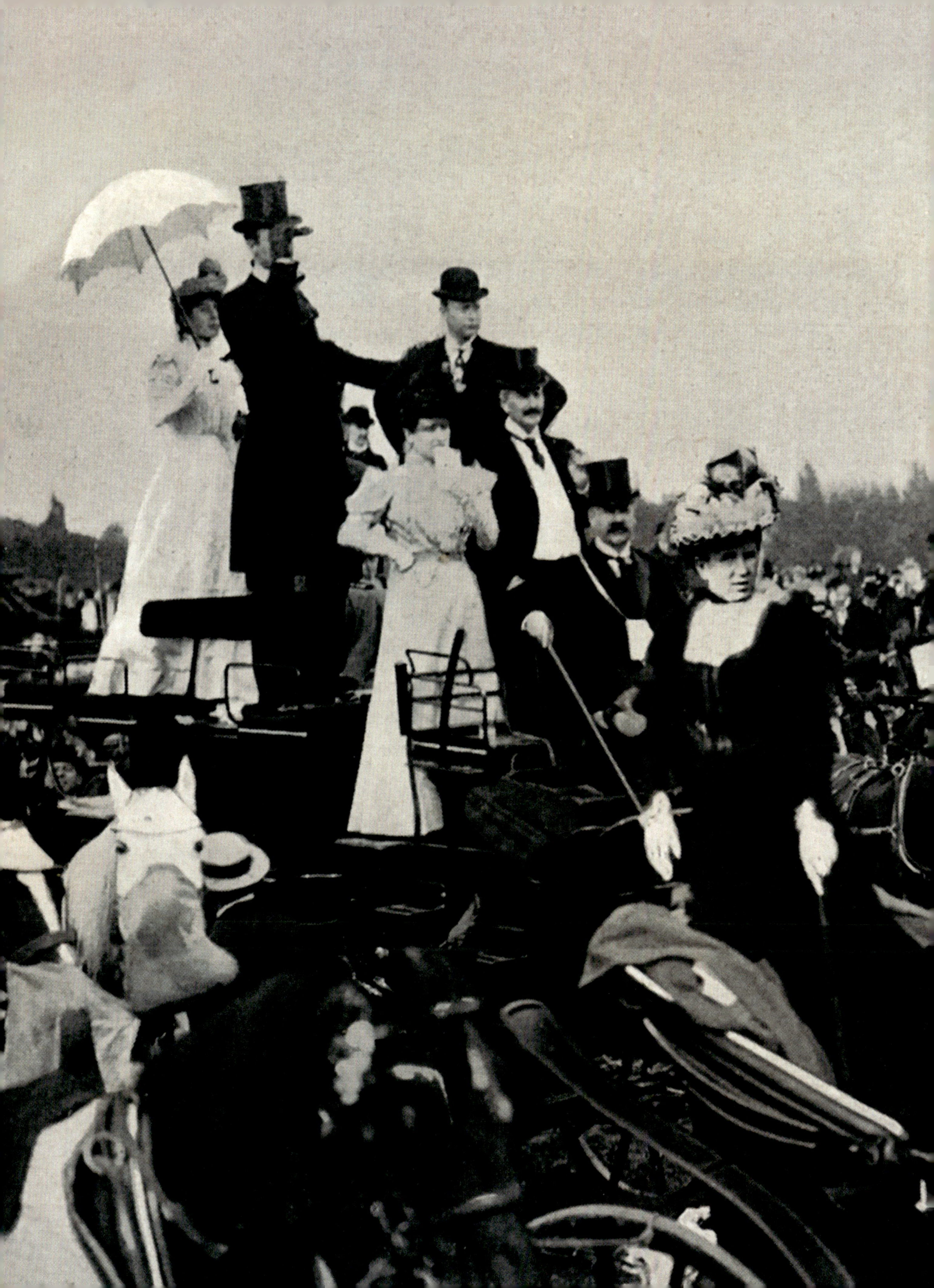

The Auteuil Race Course.

Avant la Course - Le tapis vert.

Before the Race -- The green carpet.

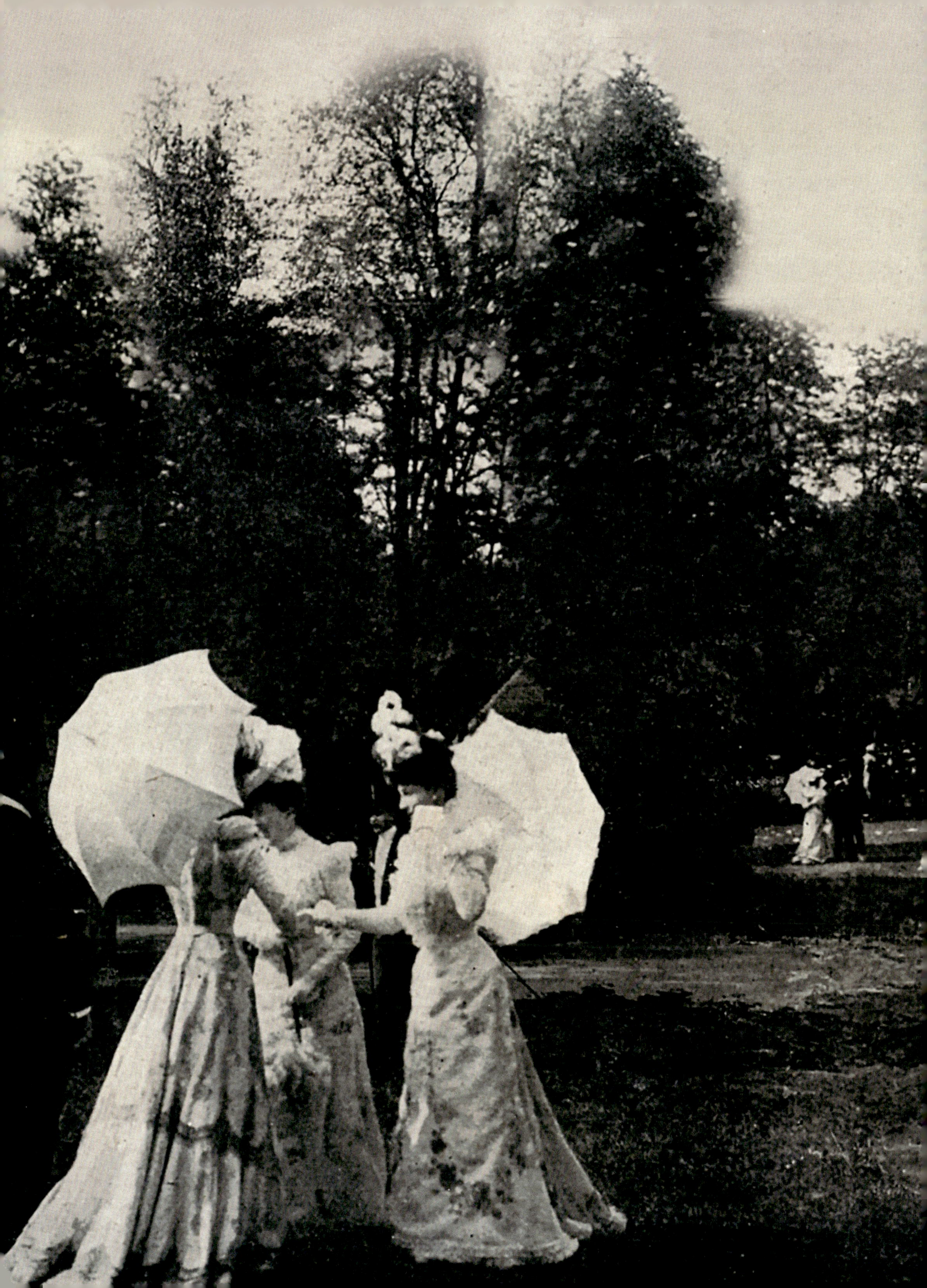

Le Palais du Louvre. — Les origines en sont obscures; on ne sait s'il faut attribuer à Childebert ou à Louis le Gros les premières fondations de ce palais, et s'il fut tout d'abord un louveterie, un pavillon de chasse ou bien un castel fortifié. Le premier titre où il soit question du Louvre remonte a l'an 1204 ; il y est parlé de diverses dépenses acquittées pour des soldats qui y tenaient garnison. Depuis Philippe-Auguste jusqu'à Napoléon III, le Louvre n'A cessé d'être élargi ou embelli ; il forme aujourd'hui un des édifices les plus grandioses qui soient au monde.

The Palace of the Louvre. The origins are obscure; It is not known whether Childebert or Louis le Gros ought to be attributed to the first foundations of this palace, and whether, first of all, there was a louveterie, a hunting lodge, or a fortified castle. The first title of the Louvre dates back to the year 1204; It spoke of various expenses paid for soldiers who had garrisoned there. From Philip Augustus to Napoleon III., The Louvre never ceased to be enlarged or embellished; It is today one of the most grand buildings in the world.

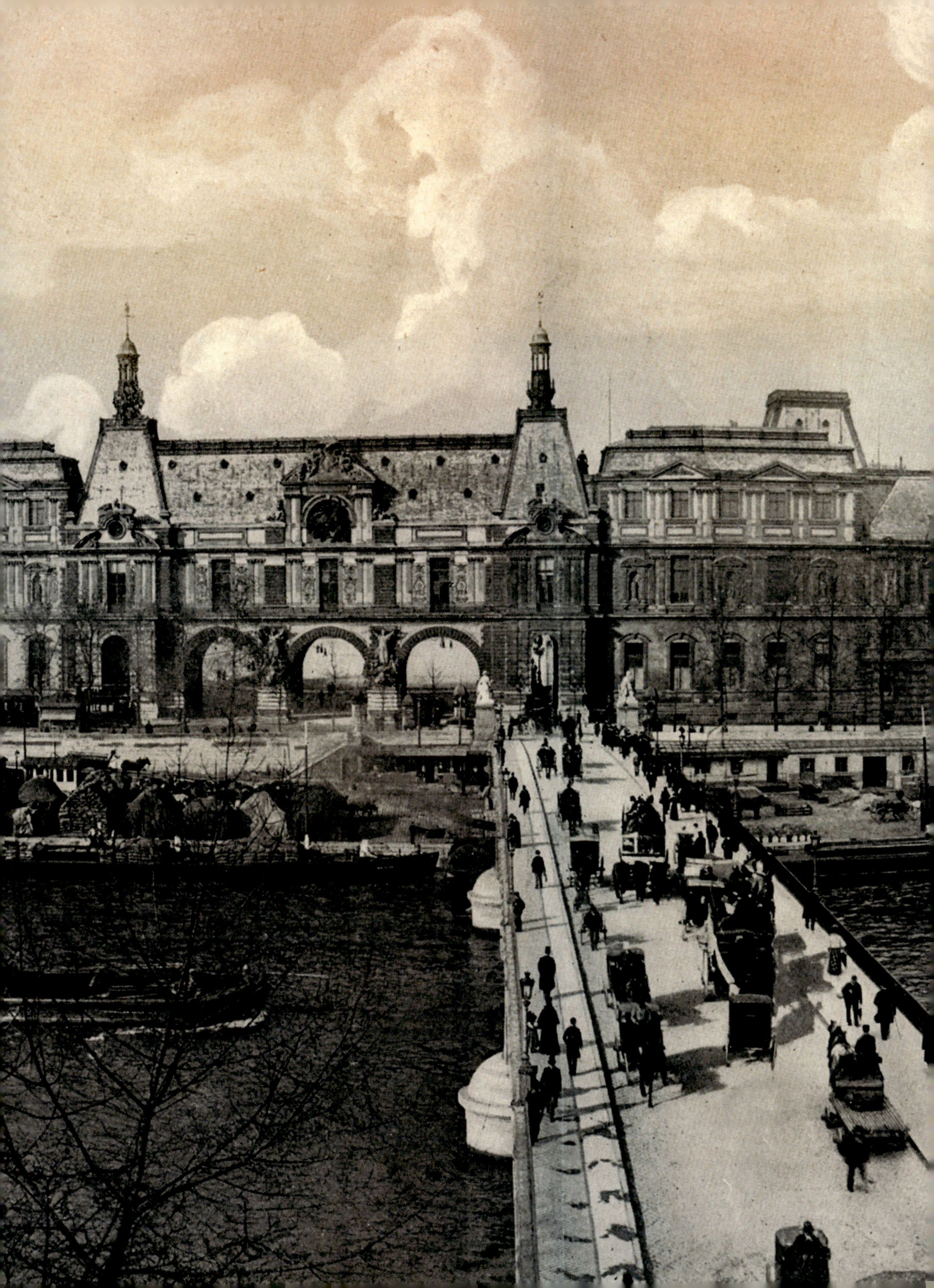

Eglise Saint-Augustin. Une des plus modernes de Paris. Fut construite de 1860 à 1808 par Baltard, dans un style qui se rapproche du roman. Les chapelles latérales sont ornées de peintures de W. Bouguereau.

Church of St. Augustine. One of the most modern in Paris. It was built between 1860 and 1808 by Baltard, in a style that is closer to the roman. The lateral chapels are decorated with paintings by W. Bouguereau.

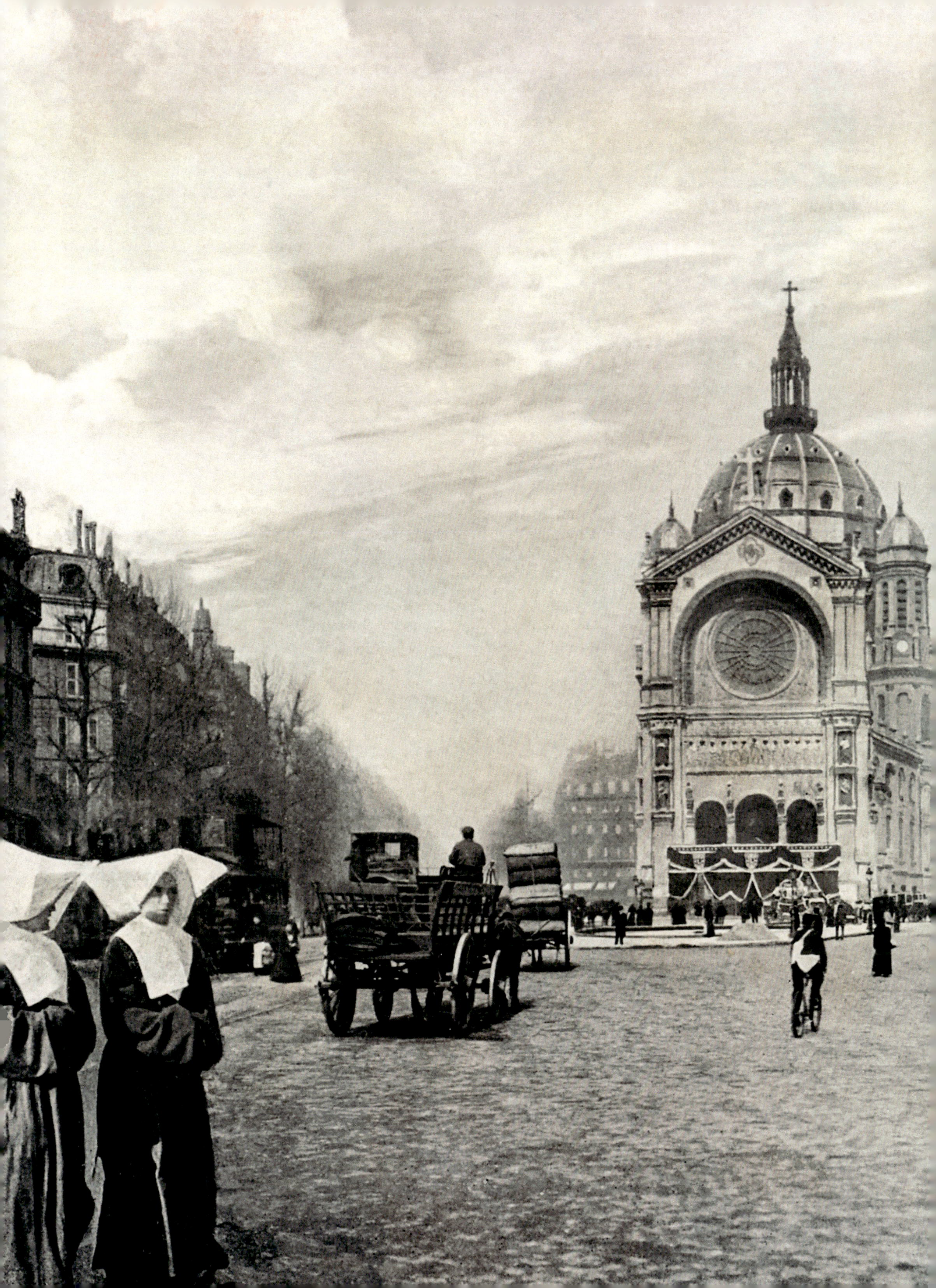

Die Kirche " Sacre-Coeur " aux Montmartre.

Les marchands de chapelets, aupres de 1'Eglise du Sacre-Cceur, a Montmartre.

Church of the " Sacred Heart "

The rosary merchants, with the Church of the Sacre-Coeur, in Montmartre

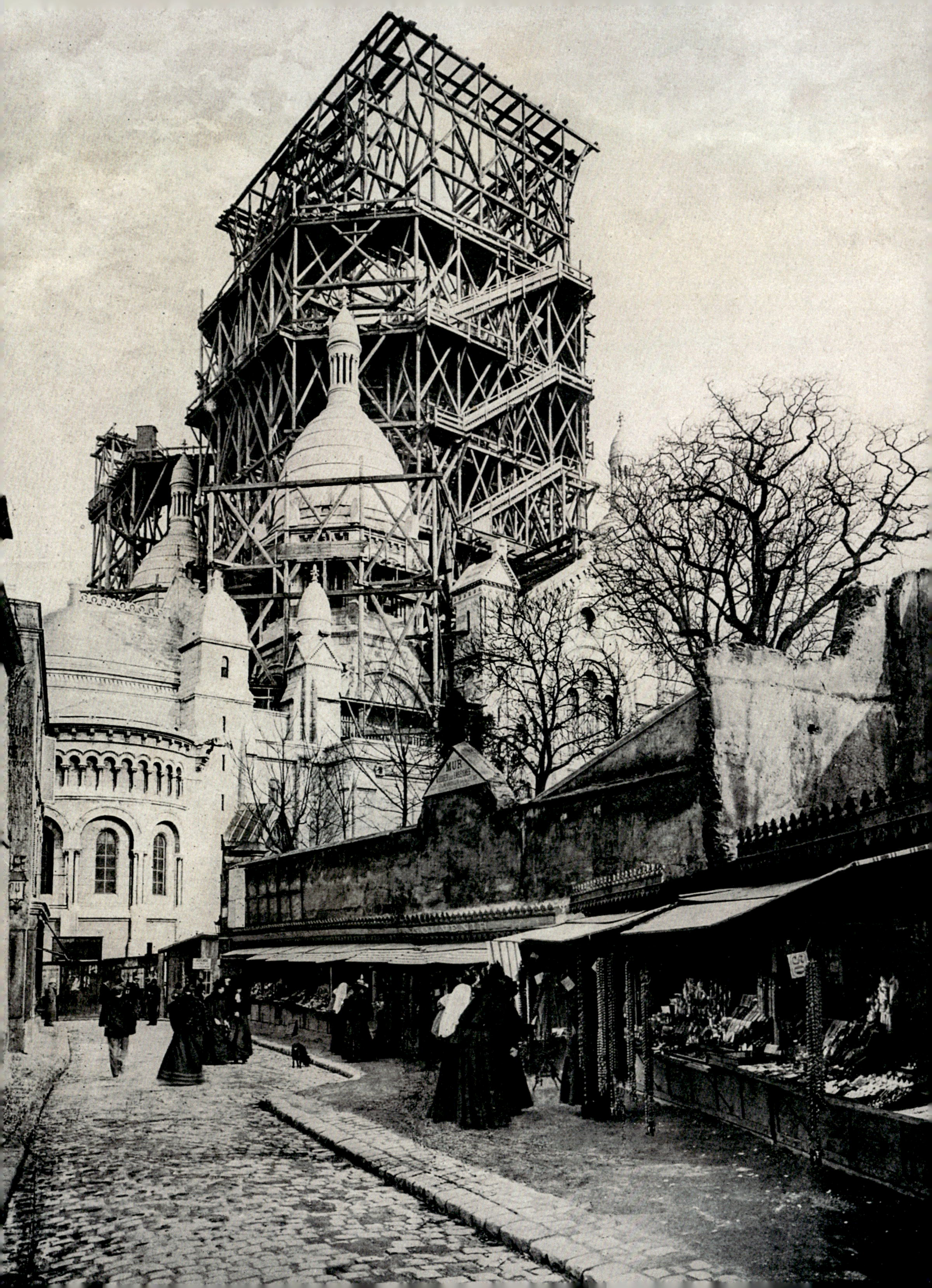
MUR

SUR LE BOULEVARD
LA SOUTH: DE L'OLYMPIA

ON THE BOULEVARD
SOUTH: THE OLYMPIA

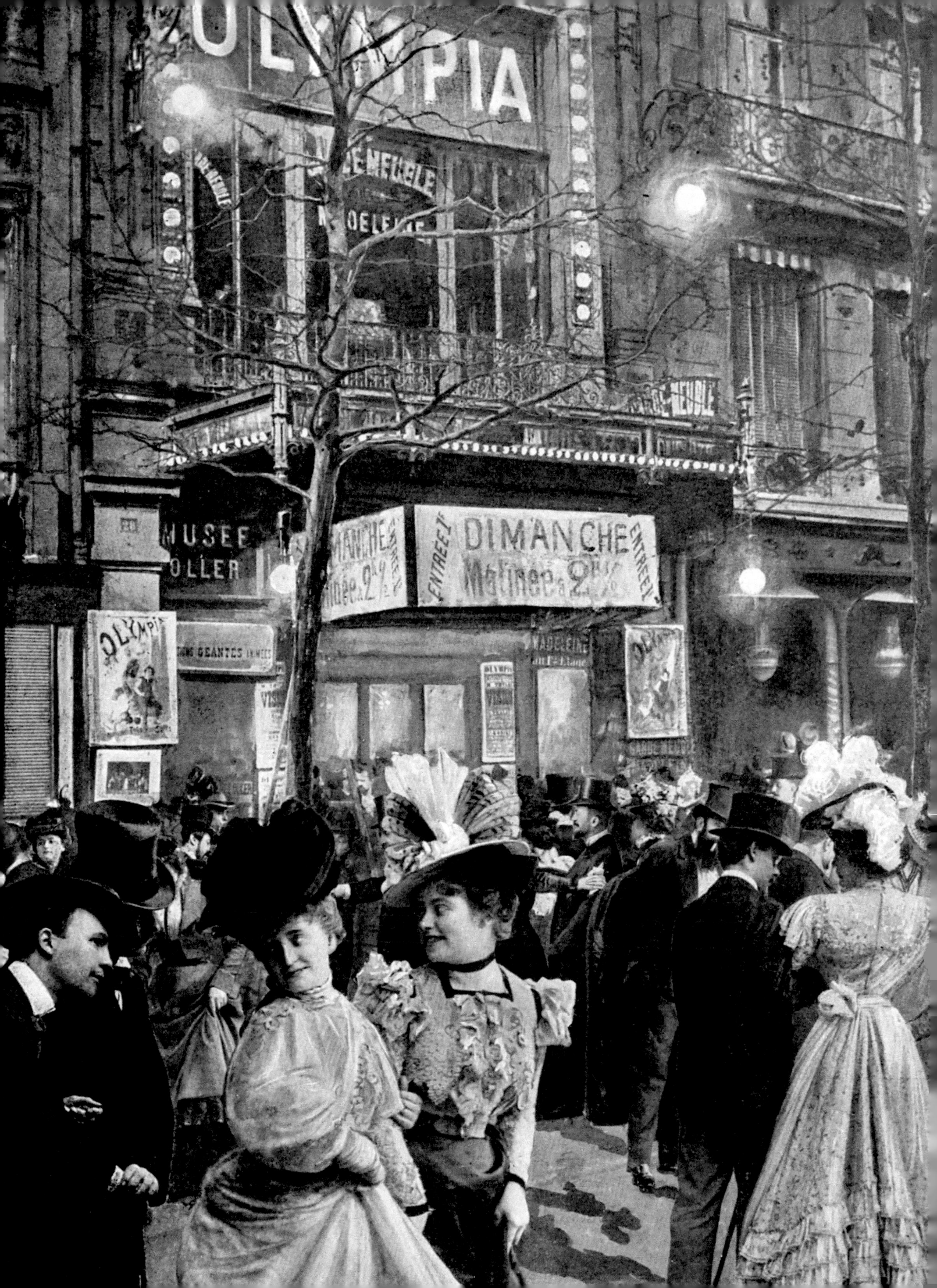
OLYMPIA
DIMANCHE
MUSEE

SUR LE BOULEVARD

DEVANT LE CAFE DE LA PAIX

ON THE BOULEVARD

IN FRONT OF THE CAFE OF PEACE

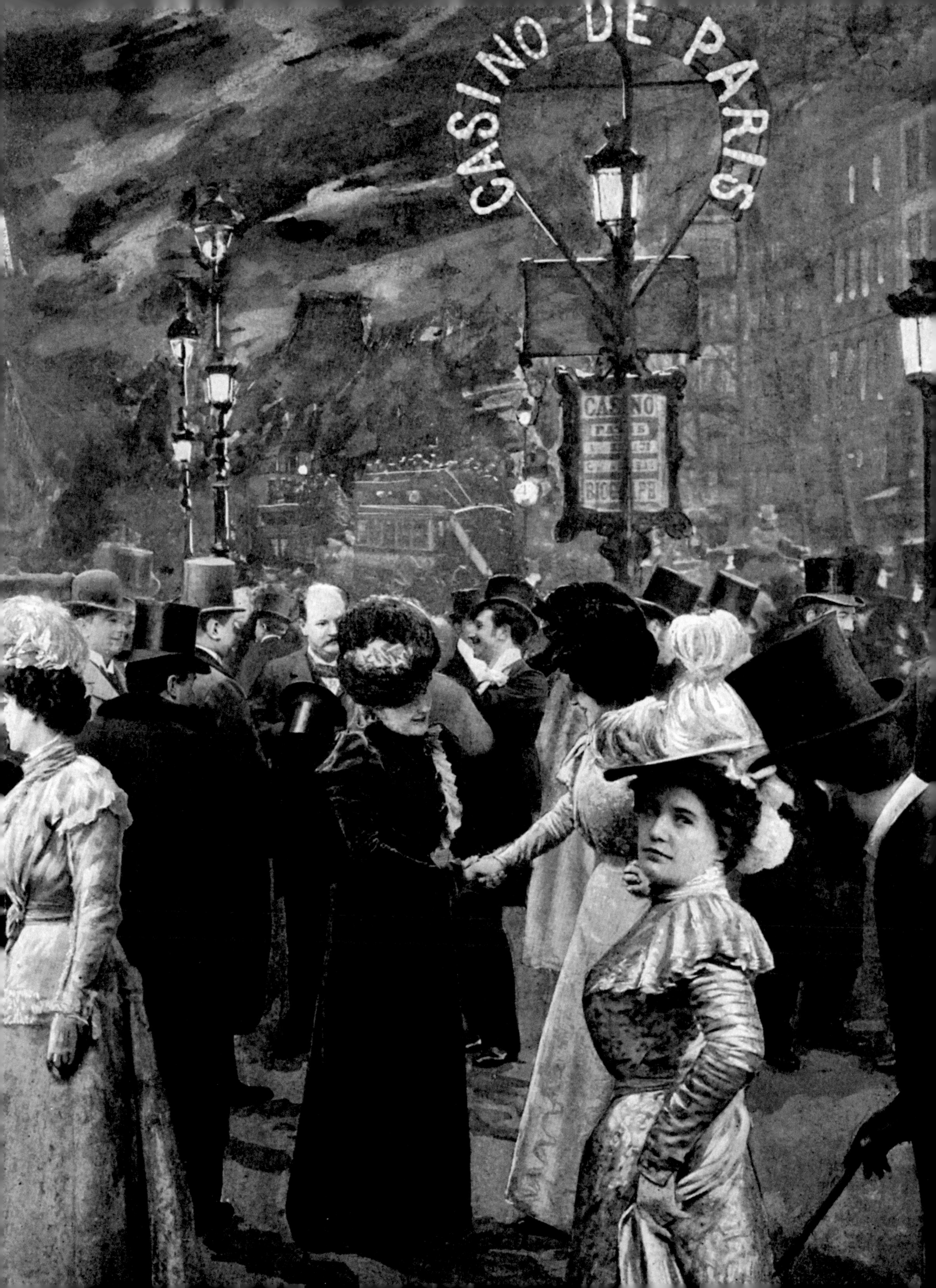
CASINO DE PARIS

L'heureux gagnant.

The Return of the Winner.

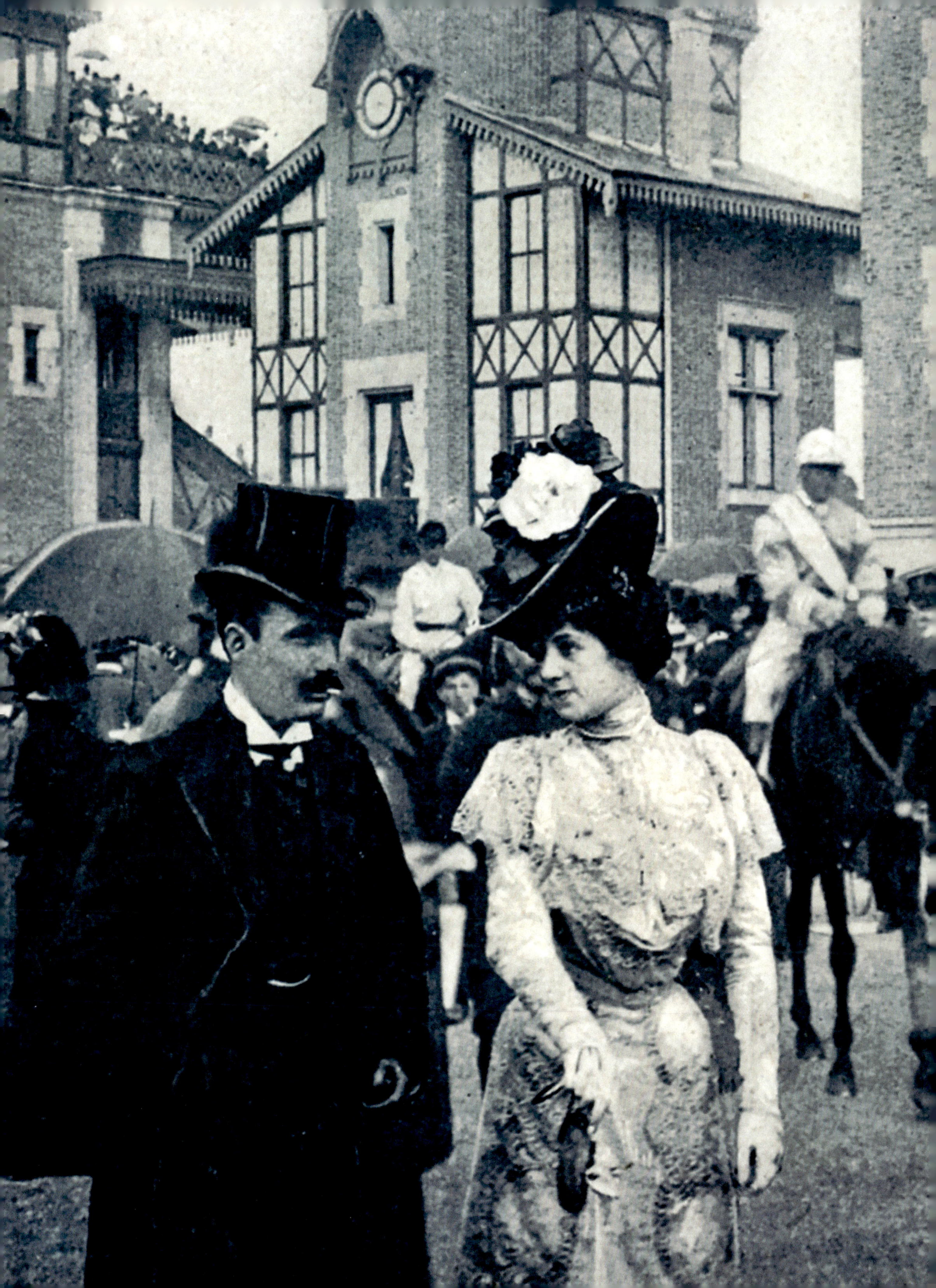

SEVERIN

Severin, le roi des Pierrots, le successeur des Debureau et des Paul Legrand, le mime incomparable, comedien et tragedien, tout ensemble,

et Pierrot ne s'ennui pas, car il a pres de lui une bien jolie personne, Mlle Darlys, qui a fait l'Amour avec beaucoup de distinction, dans la derniere revue de la Scala.

Severin, the King of the Pierrots, the successor of the Debureau and the Paul Legrand, the incomparable mime, comedian and tragedian, together,

And Pierrot is not bored, for he has a very pretty person, Mademoiselle Darlys, who has made love with great distinction in the last review of La Scala.

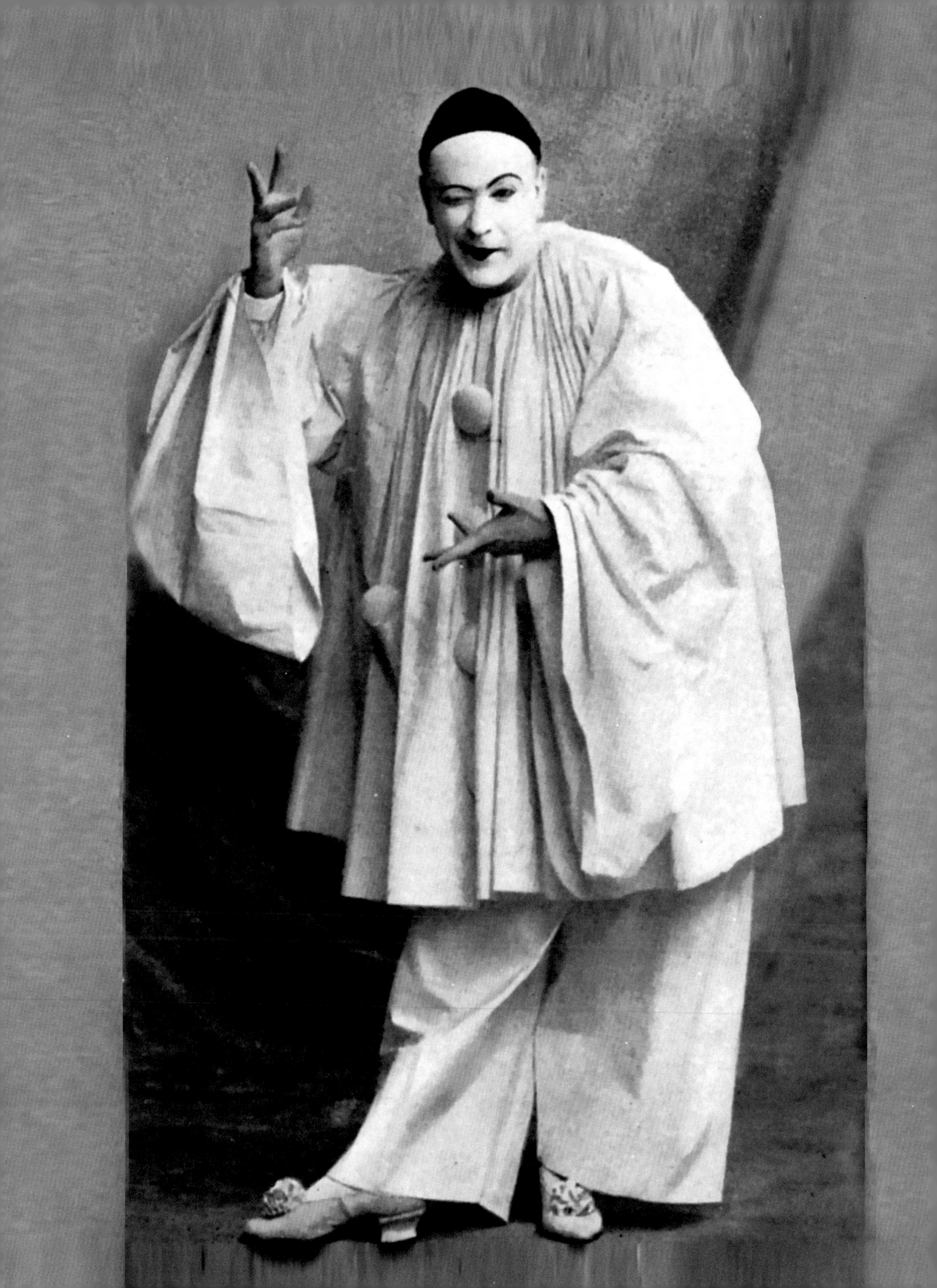

M. le President Felix Faure contemple sa bonne ville de Paris. Arc de triomphe de l'Etoile. Commence par Napoleon a ete acheve 1806, a ete acheve sous Louis-Philippe en 1836. Constrnit d'apres les dessins tie Chalgrin. So compose d'un arc principal, haut de 29 metres sous voute et de 14 metres d'ouverture, croise sur les cotes par un arc de 18 metres sur 6. Elevation totale de l'edifice, 49 m. 80. Sculptures par Rude, Etex, Cortot, Seurre, etc.

President Felix Faure contemplates his good city of Paris. Arc de Triomphe. - Begun by Napoleon was completed 1806, was completed under Louis-Philippe in 1836. Constructed according to the drawings of Chalgrin. So composed of a main arch, 29 meters high under vault and 14 meters opening, crosses on the sides by an arc of 18 meters on 6. Total elevation of the building, 49 m. 80. Sculptures by Rude, Etex, Cortot, Seurre, etc.

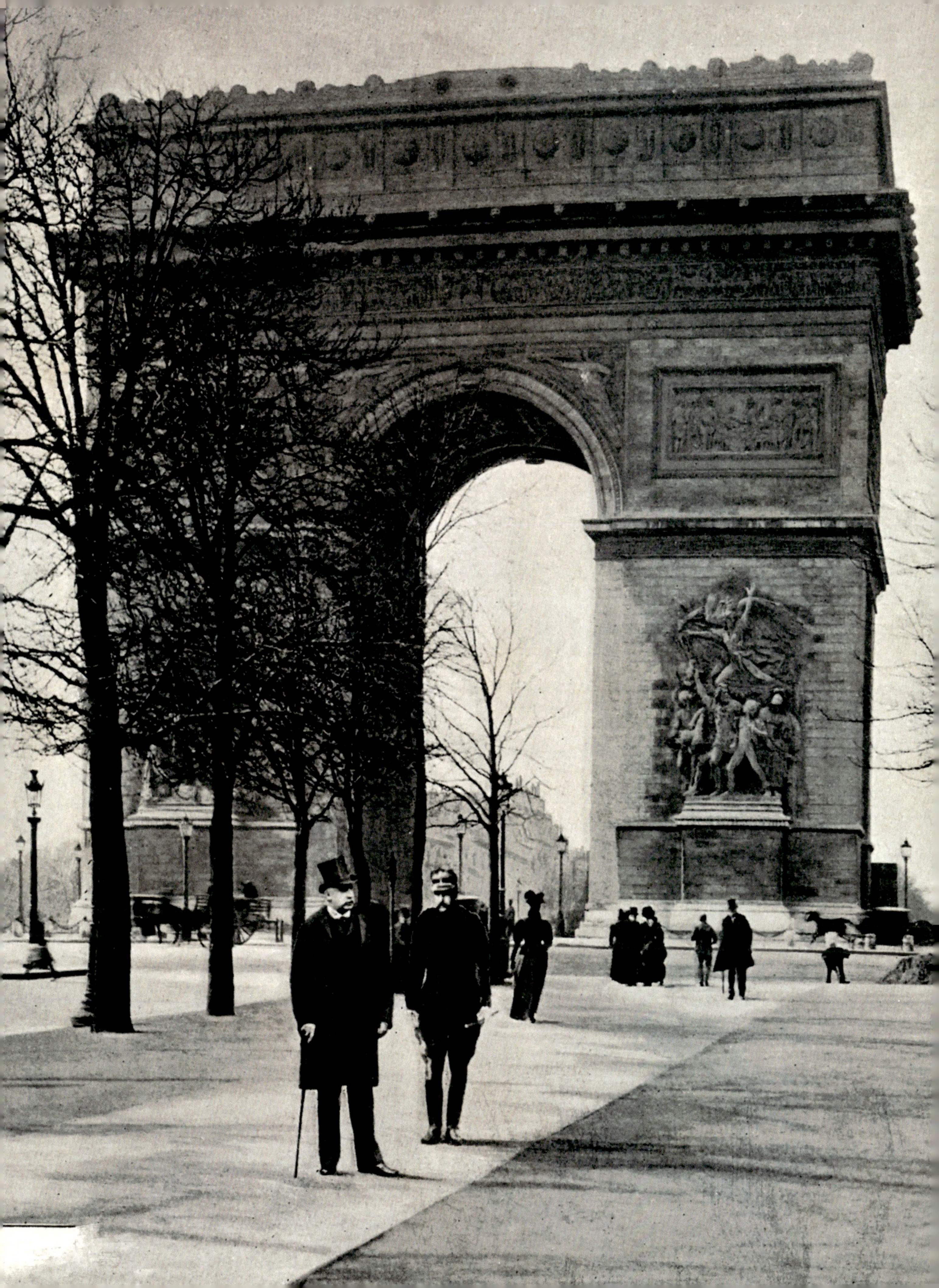

PARIS QUI CHANTE

UN SUPPLEMENT SPÉCIAL DE L'ERA AVEC PHOTOS, LYRICS ET MUSIQUE!

A SPECIAL SUPPLEMENT FROM THE ERA WITH PHOTOS, LYRICS AND MUSIC !

1re Année N°22 — Le Numéro 25 Centimes — Dimanche 21 Juin

Paris qui Chante

LA BELLE DE NEW-YORK

AU THÉÂTRE DU MOULIN ROUGE

LEJAL

CLAUDIUS

RESCHAL

GIRALDUC

MARVILLE

LA BELLE DE NEW-YORK
Opérette à Grand Spectacle
Représentée au THÉÂTRE du MOULIN ROUGE

MARVILLE — CLAUDIUS — BAXONE

LA BELLE DE NEW-YORK

L'amusante opérette dont le Moulin Rouge nous a donné la primeur est célèbre dans les deux mondes. Elle a été représentée plus de vingt mille fois sur les principales scènes d'Angleterre et des États-Unis. La place dont nous disposons ne nous

Paris qui Chante

Les Salutistes

SYLVIA

MARIETTE E. PONS

LEJAL

permet pas une analyse, même sommaire, des péripéties à la suite desquelles Fifi, le fils du milliardaire épouse sa belle cousine. Contentons-nous donc d'enregistrer le grand succès de la pièce et de rendre hommage au talent des interprètes.

La jolie Marville s'est révélée comédienne exquise et le grand succès qu'elle a obtenu la classe au tout premier rang parmi les chanteuses d'opérette ; Mmes Giralduc et Baxone se sont montrées, à leur ordinaire, des chanteuses accomplies.

Reschal, Claudius, Lejal ont été extraordinaires de verve, et de fantaisie et ont soulevé à maintes reprises d'unanimes applaudissements.

Comme on le voit, rarement troupe plus homogène et plus brillante fut chargée de conduire une pièce au succès. Une mise en scène extraordinairement luxueuse et d'un goût irréprochable suffirait seule à attirer la foule au théâtre du Moulin Rouge. La « Belle de New-York » va longtemps faire les délices de Paris.

Le Papillon dans la Boussole

Paris qui Chante

Chanson interprétée par BÉRARD

Paroles de Félix Mortreuil
Musique de Emile Spencer

De l'aimer ai-je encore espoir

Un matin avec ma cousine, Une beauté pure et divine, Nous attrapions des papillons Dans les prés verts et les sillons. En causant sous le ciel de flamme, Je lui fis l'aveu de mon âme. Elle me dit d'un air surpris: Il est trop tard, mon cœur est pris.

Refrain

Depuis l'aveu de la belle à l'œil bleu, Oui l'ivresse est ma maîtresse Et je l'aime comme un dieu. Dans mon cerveau On allume un réchaud. Mais qu'est-c'que c'est? Des feux follets Qui dansent un' farandole. Non! non! non! non! non! C'est un papillon dans ma boussole.

C'est aujourd...

I

Un matin avec ma cousine,
Une beauté pure et divine,
Nous attrapions des papillons
Dans les prés verts et les sillons.
En causant sous le ciel de flamme,
Je lui fis l'aveu de mon âme ;
Elle me dit d'un air surpris :
Il est trop tard, mon cœur est pris.

REFRAIN

Depuis l'aveu de la belle à l'œil bleu,
Oui l'ivresse est ma maîtresse
Et je l'aime comme un dieu.
Dans mon cerveau
On allume un réchaud.
Mais qu'est c'que c'est ?
Des feux follets
Qui dansent une farandole
Non ! non ! non ! non ! non !
C'est un papillon dans ma boussole.

II

C'est aujourd'hui qu'on la marie,
Je crois la voir à la mairie,
Vierge encor, sous son voile blanc,
Elle marche d'un pas tremblant
Le soir c'est la fête champêtre,
Le marié sous le grand hêtre
Aux sons d'un orchestre joyeux
L'embrasse et lui fait de doux yeux.

REFRAIN

Depuis l'aveu
De la belle à l'œil bleu
Oui, l'ivresse
Est ma maîtresse
Et c'est elle que je veux.
Sur mon cerveau
Qui frappe à coup d'marteau
Mais qu'est-c' que c'est ?
Chut..... On dirait
Un pickpocket qui m'cambriole...
Non, c'est un papillon dans ma boussole !

Je lui fais l'aveu de mon âme

*Mais qu'est-ce que c'est ?
Chut...*

C'est un papillon dans ma boussole

III

Ma peine n'aura pas de trêve !
Je vois Lison dans chaque rêve !
Je ne dors plus ni jour ni nuit
Car son image me poursuit ;
Quand je veux saisir mon idole
Furtivement elle s'envole
Comme les jolis papillons
Que nous cherchons dans les sillons.

REFRAIN

Depuis l'aveu
De la belle à l'œil bleu
Oui, l'ivresse
Est ma maîtresse,
J'aime son baiser de feu !
Là, sur mon front
Quel tam-tam de démon !
Mais qu'est-ce donc ?
Est-ce un bourdon
Qui sonn' la pris' du Capitole ?
Non, c'est un papillon dans ma
　　　　　　　　　　　[boussole !

IV

Quand je suis las, dans la prairie,
Je vais bercer ma rêverie
Et je vois les beaux papillons
Qu'avec Lison nous attrapions ;
Je leur conte mon infortune
Quand je leur dis : que fait ma brune ;
De l'aimer ai-je encore espoir ?
Les papillons blancs se font noirs.

REFRAIN

Depuis l'aveu
De la belle à l'œil bleu
Oui, l'ivresse
Est ma maîtresse,
Son charme me rend joyeux ;
Dans mon cerveau
Qu'est-c' qui fait un assaut ?
Mais qu'est c'que c'est ?
Et l'on dirait
Des cuirassiers qui caracolent !
Non, c'est un papillon dans ma
　　　　　　　　　　　[boussole !

PAILLASSE

CHANSON

Musique de Beretta et Ducreux

LUCE BAILLY

A la foire, sur deux tréteaux Il divertissait les badauds Faisait la joi' d'la populace Paillasse Pour dix centim's on le montrait Et tout l'mond' connait son portrait, Son habit long, ses ch'veux fi-lasse, Paillasse.

II

Tout petit, ainsi qu'un serpent,
Avec un sang-froid très frappant,
Il contorsionnait sa carcasse
  Paillasse!
Ce n'était qu'un pitre, un bouffon,
Mais un artiste, dans le fond,
C'était le roi de la grimace,
  Paillasse!

III

Cependant le déshérité
A connu la félicité,
L'amour fondit son cœur de glace,
    Paillasse !
Comme un autre il eut son roman,
Un souvenir tendre et charmant,
'Un rayon qui dans la vi' passe,
    Paillasse !

C'était le roi de la grimace

Pour dix centimes on le montrait

IV

L'idyll' dura de longs mois ;
Pour lui, que de tendres émois !
Il voyait le bonheur en face,
    Paillasse !
Mais un pitre n'est pas amant,
C'est un jouet pour le passant,
La femme trompa le trop bonasse
    Paillasse !

V

Puis ce fut la fin d'leur amour ;
Lassée, elle partit, un jour,
Abandonnant sur la grand' place
    Paillasse !
Lorsqu'il rentra dans son logis,
Le cœur meurtri, les yeux rougis,
Il tomba raid' sur sa paillasse,
    Paillasse !

Il tomba raid' sur sa paillasse

VI

Pour un hercule aux bras noueux,
La femme avait laissé le gueux ;
Mais bientôt il suivit leur trace,
    Paillasse !
Dans un' baraqu' paradant,
Il retrouva près d' son amant,
L'infidèl' qui se prélasse,
    Paillasse !

VII

Alors, fou d' colère et d'horreur,
Il la saisit avec fureur,
De ses poings lui meurtrit la face,
    Paillasse !
Et le pitre, qui l'étranglait,
Dit à la femme qui râlait :
Allons, fais ta dernièr' grimace
    Sale paillasse !

Valse d'Hier

Paroles de MM.rs FROYEZ et H. DE GORSSE

Musique de MAURICE DEPRET

Allegretto.

L'amour est un dieu très narquois Qui dans nos cœurs sommeille Il suffit d'un rien quelquefois, Pour que soudain il s'éveille C'est en valsant un soir Sans qu'on pût le prévoir Nous nous sommes dit, tout plein d'espoir: Je t'ai...

Paris qui Chante

...me!.. Bien que ce doux serment Fût fait légèrement Il fût pour nous comme la fleur d'où naquit notre bonheur

L'amour est un dieu très narquois Qui, dans nos cœurs sommeille Il suffit d'un rien quelquefois, Pour que soudain il s'éveille!

Ah! les valses d'antan!... Lorsque l'on vous en...

_tent Ou redevient ainsi qu'un enfant On pleure Et, dans le cœur lassé Souvent tout le passé Dont la fleur morte refleurit A notre souvenir revit

L'amour est un dieu très narquois Qui, dans nos cœurs sommeille! Il suffit d'un rien quelquefois, Pour que soudain il s'éveille!

Un Piston, S.V.P.

LETTRE D'UN CHEF DE MUSIQUE A UN CONFRÈRE

Monologue par Jacques LARTY — Dit par POLIN

et ayant obtenu le 2ᵉ Prix au Concours de "Paris qui Chante"

Je vous écris, mon cher Confrère,
En vous priant de vouloir bien,
Pour un concert que je dois faire,
Me prêter un bon musicien.
Mon piston, voyez ma disgrâce,
De tous, mon meilleur instrument,
Conscrit de la dernière classe,
Vient de partir au régiment.
Ayez pitié de ma déveine,
Sauvez l'honneur de mon bâton,
Pour Dieu ! Tirez-moi de la peine
En m'envoyant un bon piston.

❦

Puisque je vous dis ma détresse,
Je dois encor vous confesser
Un de mes sujets de tristesse :
Mais j'ai bien peur de vous lasser.
Mes altos, ah ! quelle infortune !
Toujours ou trop tôt ou trop tard
Attaquent la note opportune
Et ne manquent pas un canard.
Je ne puis donc pas par décence
Les présenter dans un tel ton ;
Je vous demande avec instance
Deux altos avec le piston.

❦

Mon bugle, élève qui débute,
Souffle sans rime ni raison ;
Avec mon cor je suis en lutte
Pour le mettre au diapason.
Ce serait faire grave injure
Au public qui doit m'écouter
Et manquer par trop de mesure
Que de vouloir s'en contenter.
Je vous adresse ma requête,
Jusques au comble soyez bon,
Prêtez-moi, pour donner ma fête,
Bugle, cor, altos et piston.

❦

Hélas, je dois aussi vous dire
Que je suis vraiment malheureux !
Jamais je ne pourrai suffire
Avec un trombone sur deux :
Encore si j'avais une basse
Assez forte pour soutenir
Mon accompagnement, bagasse !
Je serais bien sûr d'aboutir.
Heureusement votre âme est bonne
Et votre obligeance est sans fond,
Vous m'enverrez basse, trombone,
Bugle, cor, altos et piston.

❦

Je rappellerai pour mémoire
Que pour les répétitions
Et complément de répertoire
J'ai besoin de partitions.
Mais j'encourais tous vos reproches
Vous m'en voudriez, c'est certain,
Si je vous cachais que nos poches
Sont veuves du moindre rotin :
Dans mon gousset plus rien ne sonne...
Joignez donc quelque ducaton
Aux instruments, basse, trombone,
Bugle, cor, altos, piston.

❦

Je finis, car je suis modeste.
Pourtant, si vous le voulez bien,
Vous viendriez avec le reste
Pour me donner un coup de main.
Certes, je connais mon affaire,
Cependant je sens quelque peur...
Nul mieux que vous ne saurait faire,
C'est dit, hein ? vous venez en chœur.
En outre de votre personne,
Il me faut, récapitulons :
Argent, instruments cor, trombone,
Bugle, basse, altos et Pistons.

Les Heures

Paris qui Chante

Poésie de Georges Clavaud — Musique de Gaston Perducet

Écoutez la chanson des heures, Monter sous le frisson du soir : Les autres portent de l'espoir Au cœur étreint d'un chagrin noir Où

M. Gaston PERDUCET.

Les Couples

Chantée par Mlle de CHARNY.

Paroles de Léo LELIÈVRE & Élie GIRAUDET

Moderato.

...ser l'horreur du vide Homm's et femm's cherch'nt à s'ré-u-nir Et les couples sou-vent stu-pides Tant bien que mal vont s'as-sor-tir Chaqu'soir la pe-tite ou-vri-è-re A la sor-tie d'son ma-ga-sin A-mou-reu-sement fait la fiè-re Au bras du ca-li-cot du coin

REFRAIN. Ben marcato.

Vo-yez c'est un couple qui s'aime Dans les coins sombre fur-tiv'ment Ils s'embrass'nt sans voir les passants Tout en brodant sur le mêm' thè-me Mais gare à la ro-ton-di-té Quand on s'aime il faut ré-col-ter Vo-yez c'est un cou-ple qui s'aime Qui s'ai-me

Dans un bos-

II

Dans un bosquet, à la campagne,
Les amoureux vienn'nt déjeuner,
Leurs yeux pétill'nt comm' le champagne
Que l'on remplac' par des baisers.
Il fait chaud, on s'met à son aise,
L'amoureux retir' son gilet
Et pour lui fair' goûter des fraises
L'amoureuse enlèv' son corset.

REFRAIN

Voyez c'est un couple qui mange
Et bien qu'ils aient bon appétit
Le garçon les a vit' servis
Ne voulant pas qu'on les dérange.
Comme dessert, d'un air joyeux,
Ils s'suc'nt la pomme à qui mieux mieux.
Voyez c'est un couple qui mange.
          Qui mange.

Au bras du calicot du coin

A sa pauv' femme il flanque des gnons

Mlle de CHARNY

III

Dans les champs au milieu des gerbes,
Les amoureux se sont blottis
L'un contr' l'autr' le front superbe
Ils march'nt au milieu des épis.
Les blés couchés à certain's places
Disent qu'ils se sont assis d'sus,
Bientôt leurs silhouett's s'effacent
Tout à coup on ne les voit plus.

REFRAIN

Voyez c'est un couple qui marche
Essayant de mettre en action
Les idées de r'population.
Le gard' champêtr', bon patriarche,
Préfère leur tourner le dos
Pour fair' plaisir à Monsieur Piot,
Voyez c'est un couple qui marche.
          Qui marche.

IV

Quand vient le sam'di de quinzaine
A la port' des bars à trois sous,
L'ouvrière le cœur en peine
En tremblant attend son époux.
Il sort la figur' boul'versée,
Comme il a bu tout son pognon
Afin de s' changer les idées
A sa pauvr' femme il flanqu' des gnons.

REFRAIN

Voyez c'est un couple qui s' cogne
Ah! mon Dieu que l'amour est bon
Tiens, sal' poivrot! Tiens sal' guenon!
Et l'on s' raccommod' sans vergogne.
Comme un bifteack qu'on aplatit,
Plus on s' bat plus on s'attendrit.
Voyez c'est un couple qui s'cogne.
          Qui s'cogne.

C'est un couple qui s'aime

I

Écoutez la chanson des Heures
Monter sous le frisson du soir :
Les unes portent de l'Espoir
Au cœur étreint d'un chagrin noir,
Où bien des chimères demeurent...
Les Heures qui chantent, qui pleurent !

II

Écoutez la chanson des Heures :
Les unes chantent follement
Le vieux cantique des amants.
Elles disent que les serments
Bien souvent, trop souvent nous leurrent,
Les Heures qui chantent, qui pleurent !

III

Écoutez la chanson des Heures
Sonner le glas sur le Passé.
Comme un souvenir effacé
On sent notre amour trépassé,
Ce sont des voix chères qui meurent,
Les Heures qui chantent, qui pleurent !

Made in the USA
Middletown, DE
13 April 2019